DIANA, PRINCESA DE GALES

DIANA, PRINCESA DE GALES

por Marcela Altamirano

Grupo Editorial Tomo, S.A. de C.V.
Nicolás San Juan 1043
03100 México, D.F.

1a. edición, junio 2003.

© Grupo Editorial Tomo, S.A. de C.V.
Diana, Princesa de Gales

© 2003, Grupo Editorial Tomo, S.A. de C.V.
Nicolás San Juan 1043, Col. Del Valle
03100 México, D.F.
Tels. 5575-6615, 5575-8701 y 5575-0186
Fax. 5575-6695
http://www.grupotomo.com.mx
ISBN: 970-666-724-5
Miembro de la Cámara Nacional
de la Industria Editorial No 2961

Proyecto: Marcela Altamirano
Diseño de Portada: Trilce Romero
Formación Tipográfica: Servicios Editoriales Aguirre, S.C.
Supervisor de producción: Leonardo Figueroa

Ninguna parte de esta publicación podrá ser reproducida
o transmitida en cualquier forma, o por cualquier medio
electrónico o mecánico, incluyendo fotocopiado, cassette, etc.,
sin autorización por escrito del editor titular del Copyright.

Impreso en México - *Printed in Mexico*

Contenido

Prólogo 7

1. La niña 11

    Antecedentes aristócratas 11
    La primera infancia....................... 14
    El hogar deshecho........................ 20
    De la infancia a la adolescencia 24
    Años de estudiante....................... 33
    En Althorp con la madrastra................ 39

2. Lady Di 47

    Tiempos de independencia 47
    Las novias del príncipe Carlos 55
    Camilla Parker-Bowles..................... 59
    La mejor candidata 62
    Adiós vida privada 66
    La boda del siglo 72

3. La princesa de Gales 83

    Recién casada............................ 83

Primeros pasos en la corte 88

Princesa y madre 94

La crisis matrimonial 100

Amores y desamores 105

La separación 114

4. La princesa del pueblo 123

Sus hijos 123

Labor humanitaria 129

El hombre de su vida 132

Dodi Al Fayet 133

Trágico fin 135

Su legado 138

Prólogo

"Un ser humano excepcional, dotado de grandes cualidades" —dijo la reina Isabel tras la trágica muerte de la princesa de Gales en 1997. Y en verdad, Diana Spencer era única, diferente a las demás princesas contemporáneas. Poseía un encanto natural que aunado a su belleza, distinción y elegancia conquistó al mundo que le siguió los pasos día a día, desde que se convirtió en la prometida del heredero de la Corona de Inglaterra. El día de su boda el arzobispo de Canterbury aludió a los *cuentos de hadas* refiriéndose a las espléndidas nupcias y a los príncipes de Gales. Y eso es lo que se esperaba de ella, que fuera una princesa de cuento.

Pero Diana arrastraba desde su niñez la inestabilidad provocada por el divorcio de sus padres y por lo que percibió como rechazo de ambos. Tenía una gran necesidad de ser amada y carecía de aprecio por sí misma. Esto marcaría su destino. Ella sólo quería amar... pero la realidad la golpeó con fuerza y tuvo que enfrentar el adulterio y el fracaso de su matrimonio.

A la princesa le gustaba todo lo propio de su edad. Le encantaba la música *pop*, el baile, las bromas y las discotecas. El príncipe Carlos era lo opuesto. Prefería la música clásica, no era aficionado al baile, conversaba de temas intelectuales, y era fanático de la cacería y la equitación, deportes que Diana detestaba. Un matrimonio muy desigual en cuanto a gustos, preferencias y aficiones.

Luego de nacer su segundo hijo, el distanciamiento de la pareja se hizo evidente. Se descubren los pormenores de su horrible matrimonio, la infidelidad del príncipe con Camilla Parker-Bowles y la depresión, los intentos de suicidio y la bulimia de la princesa, así como su propia infidelidad. No obstante, ellos mostraban la semblanza del matrimonio ideal en público. Diana hacía su función de princesa con el dolor de saber que todo no era más que una farsa.

Pero un día, la princesa glamorosa se convirtió en una mujer comprometida en su servicio a los demás. En su afán por brillar había descubierto que llegando a los marginados de la sociedad podía ayudarlos y, como ella decía, "hacerles un mundo diferente". Así pues, lo que empezó como medio para obtener publicidad se convirtió en el objetivo primordial de su vida: la princesa de cuento se convirtió en ángel de la guarda.

Sin duda Diana fue un constante dolor de cabeza para la Familia Real al poner de manifiesto una y otra vez los defectos y el carácter ajado de esa vieja institución. A pesar de su excéntrico estilo de vida y de las acusaciones de frivolidad lanzadas contra ella, a pesar de su riqueza, privilegios y relaciones, Diana se convirtió a ojos de muchos en una auténtica heroína enfrentada al orden establecido. Su deseo de identificarse con los estratos más bajos de la sociedad, su aire juvenil y espontáneo, y su trato fácil con los medios de comunicación opacaron a los demás miembros de la Familia Real.

Fue una madre amorosa y comprometida. Le interesaba que sus hijos crecieran sabiendo que existía una realidad diferente a la que ellos vivían, y parece que lo logró. (William y Harry son ahora unos jóvenes sencillos y queridos por la realeza y el pueblo de Gran Bretaña).

La historia de Diana, princesa de Gales, ha sido muy difundida. Existen infinidad de libros y hasta artículos capitulados en revistas. Sin embargo, en estas páginas, hemos tratado de reconstruir la azarosa vida pública y privada, desde un punto de vista objetivo, de una princesa muy humana que no protagonizó un cuento de hadas sino una historia muy Real y que con su calor humano trasformó la monarquía al hacerla menos fría y distante.

M. A.

1
La Niña

Antecedentes aristócratas

Diana Spencer fue la tercera hija del vizconde de Althorp que entonces tenía treinta y siete años, y de su esposa Frances, una de las hijas del cuarto barón de Fermoy, doce años más joven que él. A Diana le correspondió el título de Honorable. Nació la tarde del primero de julio de 1961 en Sandringham (Norfolk) con casi cuatro kilos de peso, y mientras el orgulloso padre la calificó como un "perfecto espécimen físico", el resto de la familia expresó su desilusión por el hecho de no haber sido varón, el heredero responsable de perpetuar el apellido Spencer. Tal era la expectativa de un varón que los padres de la recién nacida no habían pensado siquiera un nombre de mujer. Al cabo de una semana acordaron llamarla *Diana Frances*, en honor de su madre y de un antepasado de los Spencer.

Apenas dieciocho meses antes del nacimiento de Diana, su madre había dado a luz a un bebé deforme y enfermo al que habían llamado John, como su padre, que sobrevivió sólo diez horas. La familia de Edward John Spencer —Johnnie— culpaba a la joven madre —que apenas cumplía veintitrés años—, de no gestar hijos varones, sólo niñas, por lo que fue enviada a varias clínicas de Harley

Street, en Londres, para que se sometiera a estudios. Esto fue una experiencia humillante e injusta para la madre de Diana que era una mujer muy orgullosa, engreída e inflexible (ahora se sabe que es el padre el que determina el sexo del bebé). Charles, el nuevo conde Spencer (hermano menor de Diana), expresaría más tarde: "Fue una época terrible para mis padres y tal vez lo que ocasionaría su divorcio, porque creo que jamás lo superaron".

La mayoría de los psicólogos coincidirían que sin duda alguna la pequeña Diana percibió aquel ambiente de frustración que rodeaba a la familia, asumiéndose como "estorbo" y aceptando cargar con la culpa y el fracaso por haber desilusionado a sus padres y familiares, sentimientos que le costaría mucho tiempo y trabajo aceptar y reconocer. Pese a ello, y por las propias circunstancias del posterior divorcio de los Spencer, Diana fue siempre la hija predilecta del entonces vizconde.

A los tres años del nacimiento de Diana llegó el tan esperado hijo varón. En todo caso, las diferencias protocolarias con el heredero son abrumadoras. A diferencia de la niña que fue bautizada en la iglesia de Sandringham y cuyos padrinos fueron plebeyos adinerados, su hermano Charles fue bautizado a la altura de su importancia en la abadía de Westminster y entre sus padrinos se encontraba la reina Isabel. El niño era el heredero de una fortuna que aun cuando había disminuido progresiva y rápidamente, seguía siendo sustancial, y que había sido amasada durante el siglo xv cuando los Spencer eran propietarios de unos de los criaderos de ovejas más importantes de Europa. Debido a esa fortuna, Carlos I les concedió la condición de nobles, construyeron la casa de Althorp en Nothamptonshire, crearon un timbre postal y un lema: "*Que Dios defienda lo que es justo*" - y adquirieron una exclusiva colección de pinturas, antigüedades, libros y *objets d'art*.

A lo largo de lo siguientes tres siglos, los Spencer se colocaron en los salones de Kensington, Buckingham y

Westminster ya que ocuparon diversos puestos, tanto en el Estado como la Corte. Si algún Spencer no alcanzaba a situarse en la cumbre de cualquier forma gozaba del privilegio de recorrer con paso seguro los pasillos del poder. Algunas personalidades de apellido Spencer fueron distinguidas con importantes cargos en la corte inglesa como caballeros de la Orden de la Jarretera, consejeros de la Corona, embajadores y uno de ellos llegó a ser Primer lord del Almirantazgo, mientras que el tercer conde Spencer fue candidato para ocupar el puesto de Primer Ministro. Los Spencer estaban emparentados con Carlos II, los duques de Marlborough, Devonshire y Abercorn y, por uno de esos caprichos del destino, estaban también emparentados con siete presidentes norteamericanos, incluyendo a Franklin D. Roosevelt y con el actor Humphrey Bogart. Según se dice, también con el gángster Al Capone.

El hecho de que a los Spencer se les facilitara ocupar puestos públicos por su reputación de honorabilidad, queda asentado en el servicio que prestaron para la Corona. Varias generaciones de hombres y mujeres de la familia desempeñaron el cargo de lord Chambelán, asistentes de cámara de algún miembro de la Casa Real o damas de compañía de la Reina, entre otros. La abuela paterna de Diana, la condesa Spencer, fue dama de cámara de la reina Isabel, la Reina Madre, mientras que su abuela materna, Ruth, lady Fermoy fue, hasta el final de sus días, una de las damas de cámara. El difunto conde Spencer ocupó el cargo de asistente del rey Jorge VI y después de su hija, la reina Isabel.

No obstante, la familia de la madre de Diana, los Fermoy, con sus raíces irlandesas y sus conexiones en los Estados Unidos, eran los responsables de adquirir Park House, la casa de Norfolk donde transcurrió la niñez de Diana. Para expresar su amistad con el segundo hijo, el duque de York (luego Jorge VI), el rey Jorge V le concedió al abuelo de Diana, Maurice Fermoy, cuarto barón, la casa de Park House, una extensa propiedad construida originalmente para alojar a los innumerables huéspedes y al personal de Sandringham House, ubicada en las proximidades.

Los Fermoy dejaron su huella en la región. Maurice Fermoy fue miembro del Parlamento por el Partido Conservador en representación de King's Lynn, mientras que su esposa, de origen escocés, que abandonó una carrera promisoria como concertista de piano para casarse, fundó el *King's Lynn Festival for Arts and Music* que, desde su creación en 1951, ha atraído a músicos de renombre internacional como Sir Barbirolly y Yehudi Menuhin.

La primera infancia

A la pequeña Diana Spencer, la vieja herencia de noble estirpe no hacía más que aterrarla. Jamás disfrutaba de las visitas a la casa ancestral de Althorp. Ella decía que ahí "había demasiados rincones tétricos y corredores mal iluminados atestados de retratos de antepasados cuyos ojos le seguían, lo cual le causaba un gran miedo". Al referirse a esto, su hermano señala: "Era como una galería de ancianos con millones de relojes que nos mostraban el paso del tiempo. A una niña fácil de sugestionar, ese lugar no hacía más que provocarle pesadillas. Nunca nos gustó ir de visita allí".

Este sentimiento de malestar se vio reforzado con la pésima relación que existía entre su ceñudo abuelo Jack, el séptimo conde, y su hijo Johnnie. Cuentan que durante muchos años ellos casi no cruzaron palabra y que cuando lo hacían era de mala manera. El abuelo de Diana era un hombre intolerante hasta el punto de parecer maleducado, y por ser el más celoso guardián de Althorp se granjeó el sobrenombre de 'el conde guardián', pues además conocía la historia de cada cuadro y de cada mueble de la majestuosa residencia. Tan orgulloso estaba de su dominio que a menudo acompañaba a los visitantes con un plumero en la mano, y una vez, en la biblioteca, le quitó de manera brusca el cigarro a Winston Churchill. Detrás de ese carácter irascible se escondía un hombre culto y de buen gusto, cuyas prioridades eran completamente diferentes a las de su hijo, que se caracterizaba por una actitud de *laissez-faire* hacia la vida y por su tendencia a disfrutar de las salidas tradicionales de todo caballero por la campiña inglesa.

Diana le tenía miedo a su abuelo; en cambio, adoraba a su abuela, la condesa Spencer. "Era dulce, maravillosa y muy especial... divina" —dijo alguna vez Diana refiriéndose a ella. La condesa era conocida en los alrededores por su caridad hacia los enfermos y débiles, y por estar siempre dispuesta a ofrecer una palabra de aliento o un gesto de generosidad. Lady Di —como se le bautizaría más adelante— heredó la naturaleza chispeante y decidida de su madre y también las cualidades de compasión y entrega de su abuela paterna.

A diferencia de los esplendores de la residencia de Althorp, la construcción irregular de la casa de Diana, Park House, con sus diez dormitorios, era muy acogedora. Tenía amplias cocheras, una residencia para el personal de servicio, una piscina, una cancha de tenis y un campo de críquet, todo cuidado por un personal formado por seis personas y que incluía un cocinero, un mayordomo y una institutriz.

Park House es una magnífica mansión que se encuentra escondida entre árboles y arbustos, pero la fachada ancestral le da un aspecto sombrío y solitario. A pesar de esta apariencia un poco siniestra, los niños Spencer amaban la casa. Cuando se mudaron a Althorp en 1975 al morir el abuelo, el séptimo conde, Charles se despidió de cada una de las habitaciones y Diana visitaría su antiguo hogar en numerosas ocasiones, a pesar de que se transformó en un lugar de vacaciones para discapacitados. Esta casa tenía una atmósfera especial y personalidad propia. En la planta baja estaba la cocina con acabados en piedra, la sala verde donde se lavaba la ropa, jurisdicción del gato de Diana, al que le puso el nombre de Marmalade, así como el salón de clases donde la institutriz Gertrude Allen —Ally— les enseñaba a las niñas los rudimentos de la lectura y la escritura. Al lado estaba lo que los niños denominaron 'la sala Beatle', una habitación decorada con carteles psicodélicos, fotografías y otros recuerdos de las estrellas pop de la década de los 60. Esto fue una concesión a la era de la posguerra. El resto de la casa era un fiel reflejo de la forma de vida de la clase alta de Inglaterra, decorada con retratos formales de los diversos miembros de la familia, cuadros de regimientos así como placas, fotografías y certificados y diplomas que testimoniaban una larga trayectoria dedicada a las obras de bien.

El dormitorio de Diana se encontraba en la planta alta; era una atractiva habitación pintada en color crema y desde ahí ella podía disfrutar de una vista muy agradable que le permitía contemplar escenas de pastoreo de ganado, algunas áreas de campo abierto interrumpidas por las copas de los pinos, abedules plateados y tejos. Era común encontrar conejos, zorros y otras criaturas de los bosques en los jardines, mientras que la brisa del mar que se posaba en los umbrales de las ventanas indicaba que la costa de Norfolk estaba a sólo diez kilómetros de distancia.

Era un lugar paradisíaco para los niños Spencer —Sarah, Jane, Diana y Charles—. Alimentaban a las truchas del lago de Sandringham House, se deslizaban por las balaustradas, llevaban a Jill, el spaniel, a dar largos paseos, jugaban a esconderse en el jardín y otros juegos infantiles. En verano nadaban en la alberca de agua templada, organizaban excursiones a lugares cercanos, hacían *picnics* y fogatas en la playa próxima a la cabaña de Brancaster y jugaban en la casa que habían construido en un árbol. Y de manera similar a los *Cinco Niños Famosos* de Enid Blyton, contaban siempre con una gran cantidad de refrescos de jengibre y con algo apetitoso que se cocinaba en el horno.

Al igual que sus hermanas mayores, —Sarah y Jane—, Diana aprendió a montar a caballo a los tres años y a muy temprana edad ya sentía una gran pasión por los animales; cuanto más pequeños, mejor. Tenía muchas mascotas: hámsteres, conejos, conejillos de indias, su gato Marmelade y "todo aquello que pudiera vivir en una jaula" —según contaba su madre—. "Cuando moría algún animal de su pequeño zoológico, Diana hacía una ceremonia antes de enterrarlos; los ponía en una caja de zapatos, cavaba una hoyo al pie del cedro del jardín y allí los enterraba. Por último ponía una cruz sobre la tumba".

La crianza de Diana reflejaba valores tradicionales de épocas pasadas. De pequeña la cuidaba una niñera uniformada llamada Judith Parnell, nacida en Kent, que la llevaba a pasear por los alrededores en un cochecito alto. Ella decía que uno de sus recuerdos más tempranos era "el olor que desprendía el plástico de la cubierta de su cochecito cuando el sol lo calentaba". En su primera infancia, Diana casi no veía a su madre y mucho menos a su padre. Cuando nació, sus hermanas mayores, Sarah de seis años y Jane de cuatro, pasaban la mañana en el salón de clases, ubicado en la planta baja de la casa y, cuando Diana tuvo la edad suficiente para compartir con ellas las mañanas, sus hermanas ya estaban internadas en un colegio para señoritas.

Diana hacía las comidas con su niñera. Comía cereal a la hora del desayuno, carne con verdura en al almuerzo y pescado todos los viernes. Sus padres eran cariñosos pero distantes y sólo cuando Charles cumplió siete años pudo sentarse a la mesa con su padre en el comedor de la planta baja. La infancia de los niños Spencer estaba signada por la formalidad y el recato, fiel reflejo de la forma con que los padres habían sido educados. Al respecto, Charles recuerda: "Era una educación llena de privilegios extraída de otra época; un estilo en el que se vivía distante de los padres.

No conozco a nadie que hoy en día críe a sus hijos de esa manera. Sin duda se sentía la falta de una figura materna". A una edad muy temprana los niños conocieron el valor de los buenos modales, la honestidad, y sabían aceptar a las personas por lo que eran y no por la posición que ocupaban. El hermano de Diana comentó que nunca entendían ese asunto de los títulos. Él no supo que tenía un título hasta que entró a la escuela primaria y empezó a recibir cartas en cuyo membrete leía: 'Al honorable Charles'. Decía que ellos, de niños, pensaban que sus circunstancias eran como las de todos.

Sus vecinos que también pertenecían a la nobleza, se ajustaban muy bien a su entorno social de amigos y conocidos, entre los cuales se destacaban los hijos del administrador de fincas de la Reina, Charles y Alexandra Loyd, la hija del vicario local, Penélope Ashton y William y Annabel Fox, hijos de Carol, madrina de Diana.

Sus relaciones con la Familia Real eran sólo esporádicas, sobre todo porque los miembros de la Casa Real pasan solamente una pequeña parte del año en su finca de ocho mil hectáreas. Asimismo, era muy poco frecuente que un miembro de la Casa Real visitara Park House, de manera que en cierta ocasión, cuando la princesa Ana (hija de la reina Isabel) dijo que visitaría Park House un domingo después del servicio religioso, todo el mundo entró en consternación en la casa de Althorp. El conde de Spencer no bebía y envió a toda la servidumbre a revisar exhaustivamente cada alacena en busca de alguna botella digna de semejante visita real. Finalmente encontraron una botella de jerez barato, que se había ganado en una kermés organizada por la iglesia y que había quedado olvidada en un cajón.

De vez en cuando el hijo de la princesa Margarita, el vizconde Linley, y los príncipes Andrew y Edward iban a pasar la tarde para jugar juntos, pero estos encuentros no eran tan asiduos como algunos creen. De hecho los niños

Spencer se ponían nerviosos cada vez que eran invitados a la residencia de invierno de la Reina. Cierta vez exhibieron en el cine privado una película de Walt Disney titulada *Chitty-Chitty, Bang- Bang*. Charles cuenta que él tuvo pesadillas sobre un personaje llamado Cazador de Niños. Por su parte, Diana detestaba la extraña atmósfera de Sandringham por lo que en una ocasión se negó a ir. Pataleó y se resistía a ir hasta que su padre le dijo que si no iba pensarían que tenía muy malos modales.

Sin embargo, hay quien dice que los lazos de vecindad con los Windsor eran bastante estrechos. La propia Diana contaría a los periodistas años más tarde que su primer encuentro con el príncipe Carlos se produjo en Sandringham cuando ella no había cumplido todavía un año. A partir de entonces hubo muchos más contactos y no sólo con el heredero del trono. Una de las niñeras de Diana, Janet Thompson, relató al cronista real del *Daily Mirror*, que un día, al caminar hacia uno de los salones del palacio, oyó una voz adulta gritar: "¿Dónde estás?".

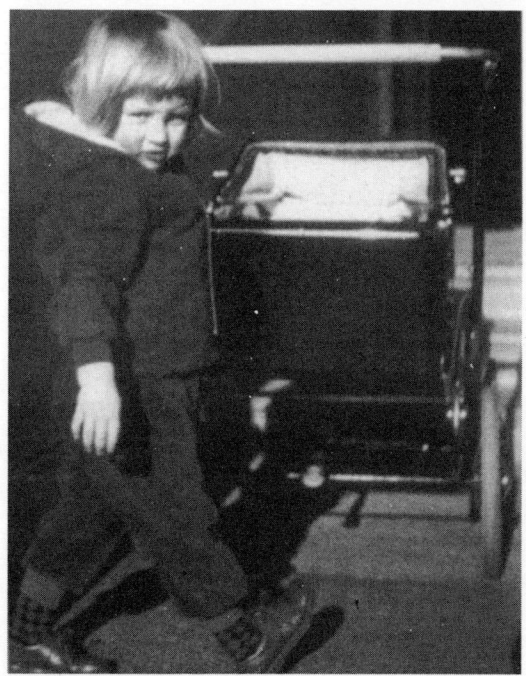

La Honorable Diana Spencer a los tres años de edad.

Para su sorpresa se trataba de la reina Isabel II que jugaba a las 'escondidas' con su segundo hijo, el príncipe Andrés, entonces de seis años, y con la pequeña Diana, de cinco, invitada de palacio. En aquella misma fiesta, Diana recordaba haber visto a Carlos, que entonces no había cumplido los dieciocho años aunque, como recuerda la niñera Thompson, se comportaba como siempre, como si fuera mucho más viejo.

El hogar deshecho

Diana tenía apenas seis años cuando su pequeño mundo empezó a transformarse. En Park House el clima se volvió intolerable. En septiembre de 1967, Sarah y Jane abandonaron la casa para continuar sus estudios en un colegio en West Heath, Kent, situación que coincidió con el desmoronamiento del matrimonio Spencer tras catorce años de vida en común. Se habían casado en 1954 y su boda fue considerada por la alta sociedad inglesa como 'el acontecimiento del año', gozando con la adhesión de la Reina y de la Reina Madre. En sus días de soltero, Johnnie Spencer había sido la atracción del condado. No sólo era el heredero de la fortuna de los Spencer, sino que además había servido a su patria con gran mérito como capitán de los *Royal Scots Grey* durante la Segunda Guerra Mundial y, en su carácter de asistente de la Reina, había acompañado a ésta y al príncipe Felipe durante su histórico recorrido por Australia poco tiempo antes de casarse.

A Frances Roche, hija del cuarto barón de Fermoy, le pareció muy atractivo aquel hombre mundano que le llevaba doce años, cuando lo conoció el día de su presentación en sociedad. Frances era una bella jovencita de dieciocho años muy vivaz y aficionada a los deportes y tuvo mucho éxito aquella temporada. Entre sus pretendientes se encontraba el oficial Ronald Ferguson, padre de la duquesa de York. Sin embargo, fue Johnnie Spencer el hombre que conquistó su corazón y, después de un breve noviazgo, se casaron en la abadía de Westminster en junio de 1954. Nueve meses después nació la primera de las hijas, Sarah. Se instalaron en la campiña; Johnnie estudiaba en el *Royal Agricultural College de Cirencester* y, después de una incómoda temporada en la residencia de Althorp, se mudaron a Park House y en pocos años levantaron una finca de trescientas hectáreas, que en gran parte se pagó con las veinte mil libras de la herencia que Frances recibió.

Pero muy pronto empezarían a generarse tensiones en el matrimonio Spencer. En principio fue mucha la presión que ejercían sobre ellos para que dieran a luz un heredero varón y, además, con la madurez que le dieron los años, Frances perdió el interés y gusto por el estilo de vida que en su juventud le había parecido normal y atractivo. Dicen que una vez, alguien le preguntó al conde de Spencer si esos catorce años que duró su matrimonio con Frances habían sido felices. "Hasta que nos separamos pensé que todos —respondió—; pero estaba equivocado. No peleábamos, pero poco a poco nos fuimos distanciando". Como sucede en muchos matrimonios, ellos guardaban las apariencias. En público se mostraban sonrientes; en privado, la historia era otra. No se sabe a ciencia cierta si prevalecían largos silencios, fuertes discusiones o sólo palabras hirientes, pero el hecho es que el efecto traumático que sus desavenencias causaron en los niños por demás fue evidente. Diana confesó que recordaba claramente haber presenciado una discusión muy violenta entre sus padres desde el lugar donde se refugió, tras la puerta de la sala de recepción. Parece ser que el detonante fue la aparición de un adinerado comerciante de nombre Peter Shand Kydd que acababa de regresar a Gran Bretaña desde Australia, donde había vendido una hacienda de ganado ovino. Los vizcondes de Althorp conocieron a este empresario extrovertido, educado en la universidad y a su esposa artista Janet Munro Kerr, en una cena en Londres y acordaron ir a esquiar juntos a Suiza en las vacaciones. Esto daría un giro total a sus vidas con resultados fatales. En medio del alboroto de esta nueva relación lady Althotp, once años menor que Peter, no advirtió sus arranques de malhumor y momentos de depresión. Esto sucedería más adelante. Al volver de las vacaciones, Peter, que por entonces tenía cuarenta y dos años, abandonó a su mujer y a sus tres hijos, y empezó a encontrarse clandestinamente con Frances en un lugar de South Kensington, en el centro de Londres.

La separación de los Spencer se hizo inminente y la madre de Diana se mudó de Park House a un departamento alquilado en Cadogan Place, Belgravia. Fue entonces cuando surgió el rumor de la 'oveja descarriada', y se decía que Frances "había abandonado a su marido y a sus cuatro hijos por amor a otro hombre". En las esferas de la alta sociedad se comentaba que ella era "la mala" y el marido "el pobre inocente". De hecho, cuando Frances dejó su casa, hizo los arreglos necesarios para que Diana y Charles, los pequeños, fueran a vivir con ella a Londres. Inscribió a Diana en un colegio para señoritas y a Charles en un jardín de niños cercano a su residencia.

Una vez instalada en su nueva casa, adonde llegaron sus hijos y la niñera una semanas después, Frances tenía la esperanza de que los niños no sufrieran demasiado la separación, sobre todo porque Sarah y Jane estaban en el internado. Durante el año escolar, los más chicos regresaban a Park House los fines de semana, o bien, su padre, el vizconde de Althorp, se quedaba con ellos en Belgravia cuando iba a Londres de visita. Charles Spencer declaró en una entrevista, que recordaba que mientras él jugaba en el piso con un trenecito, su madre se sentaba a sollozar en el borde la cama y su padre se dirigía a él con una leve sonrisa en un intento de demostrarle que todo estaba bien. Poco después de esa época, la familia se volvió a reunir en Park House durante una temporada y luego para celebrar las fiestas navideñas. Pero tal como lo expresó la esposa de

Peter Shand Kydd: "Fue mi última Navidad allí porque era evidente a esas alturas que el matrimonio se había disuelto para siempre".

Durante estas celebraciones ninguno de los esposos sobresalió por su buena voluntad o por sus manifestaciones de alegría. El vizconde de Althorp insistió, contra las furiosas objeciones de su esposa, en que los niños regresaran a vivir, de manera permanente, en Park House y reanudaran su educación en la escuela Silfield de King's Lynn. "No les dio permiso para que regresaran a Londres para el Año Nuevo".

Mientras se ponían en marcha los engranajes legales para el divorcio, los niños pasaron a ser piezas de una cruel batalla que enfrentó a madre e hija y a marido y mujer. Lady Althorp inició acciones legales para que le otorgaran la patria potestad de los niños, acción iniciada con absoluta confianza ya que los niños siempre quedan bajo la custodia de la madre... a menos que el padre tenga un título nobiliario. Su rango y su título le otorgan la prioridad.

El caso —difundido en junio de 1968— resultó todavía más nefasto para Frances por el hecho de que dos meses antes se la acusó de ser "la otra" en el divorcio de los Shand Kydd; aunque lo más mortificante para ella fue que su propia madre, Ruth, lady Fermoy, no la apoyó. En abril de 1969 se firmó el divorcio de los Spencer, y un mes más tarde, el 2 de mayo, Peter Shand Kydd y Frances se casaron en una ceremonia íntima celebrada en el registro civil, marchándose a vivir a la costa de West Sussex, donde Peter pudo dedicarse a su gran pasión: la navegación.

Lo más probable es que este divorcio y los actos subsecuentes a él hayan afectado a los niños por más que algunos biógrafos y amigos de ellos han tratado de minimizar las consecuencias. Han argumentado que el divorcio no afectó a Sarah y a Jane, dado que vivían como internas en el colegio; que Charles con sus cuatro años era demasiado pequeño para darse cuenta y que Diana, de siete, reaccionó ante la ruptura con la "flexibilidad inconsciente de la edad" o, aún más, que lo consideró "un cambio refrescante" en su vida. El análisis objetivo de cualquier psicólogo tomaría en cuenta que en algún momento de sus vidas, tanto Sarah como Diana sufrieron alteraciones de carácter patológico, ya que padecieron de anorexia nerviosa y bulimia, respectivamente. Dirían que estas enfermedades son producto de una relación compleja y enmarañada entre madre e hija, entre la alimentación y la ansiedad y también pertenecen, para usar un lenguaje más actualizado, a una "familia en crisis". Diana afirmó en una entrevista: "Mis padres estaban siempre ocupados discutiendo entre ellos. Recuerdo que mi madre lloraba y papá nunca nos decía nada sobre eso. Tampoco podíamos hacer preguntas. Había demasiadas niñeras y todo un clima muy inestable".

De la infancia a la adolescencia

Después del divorcio de sus padres la pequeña Diana parecía ser una niña feliz. Era hacendosa y muy minuciosa a la hora de cumplir tareas que ella misma se imponía. Por las noches recorría la casa para asegurarse de que todas las cortinas estuviesen corridas y para arropar a todos los animalitos que se apiñaban en su cama. Acostumbraba pasear sobre su triciclo azul y cargar con sus muñecas en un cochecito. Dicen que en sus cumpleaños pedía que le regalaran muñecas y tenía una gran colección de ellas. Le gustaban los niños y ayudaba a la *nany* a vestir a su hermano menor. La naturaleza cálida, maternal y afectiva que la caracterizó en muchos de los actos de su vida adulta, ya se hacía evidente por aquel entonces. Los llevaban de visita con mucha más frecuencia que antes a casa de los abuelos y de otros familiares. La condesa Spencer pasaba largas temporadas en Park House, mientras que lady Fermoy enseñaba a sus nietos a jugar a las cartas. En su imponente mansión, a la que llamaba "un pequeña rincón de Belgra-

Diana a los siete años con su hermano Charles. Era el día del cumpleaños de la futura princesa de Gales.

via en Norfolk", la abuela les explicaba las complejidades del *brige* y del *ma-jong*. No obstante, nada lograba mitigar los miedos de Diana.

Como todos los niños, Diana y Charles le tenían miedo a la oscuridad. En la noche, antes de dormir, pedían que les dejaran encendida alguna l z cercana a su habitación o que prendieran alguna vela. Afuera, el silbido del viento entre los árboles y los chillidos de los animalillos nocturnos, convertían a Park House en un lugar aterrador para cualquier niño. Contaban los hermanos Spencer que una noche su padre mencionó que andaba un asesino suelto por los alrededores, y que ellos estaban tan aterrados que "no pudieron dormir, escuchando cada crujido y cada chirrido en el silencio de la casa".

Todas las noches antes de dormir, Diana acomodaba a su alrededor a sus muñecos, y desde su lecho oía a su hermano llorar y llamar a su madre. En ocasiones iba a consolarlo pero la mayoría de las veces le ganaba el miedo a la oscuridad y no se movía de su habitación. Charles excla-

25

maba sollozando: "Quiero ir con mi mamá... quiero que venga mi mamá". Entonces, ella ocultaba el rostro en la almohada y se echaba a llorar también. "No podía soportarlo —confesó en una entrevista—. Nunca podía juntar el suficiente coraje para salir de la cama".

En esa época tampoco confiaba en las numerosas niñeras que llegaron a trabajar a Park House. Los niños Spencer tuvieron todo tipo de niñeras, desde las más dulces y pacientes hasta las más estrictas y sádicas, pero lo cierto es que duraban cortas temporadas. Una vez, su madre despidió a una de ellas cuando descubrió que sazonaba la comida de las hijas mayores con laxantes a modo de castigo. Lady Spencer no comprendía por qué Sarah y Jane se quejaban de dolor de estómago hasta que descubrió a la *nany* con las manos en la masa. Otra de las niñeras corregía a Diana golpeándola en la cabeza con una cuchara de madera. A veces les pegaba a Diana y Charles de manera alternativa. Charles declaró que recordaba cómo él pateaba la puerta de su dormitorio cuando lo encerraban sin motivo alguno. "Los niños tienen un instinto natural de justicia y, si sentíamos que los mayores eran injustos con nosotros, nos rebelábamos" —explicaba Charles. Otras niñeras como Sally Percival, que después se casó y se fue a vivir a Northampton, fueron amables y comprensivas; Diana y Charles les enviaban, cada año, tarjetas de felicitación por Navidad.

Pero hay que considerar que la tarea de las niñeras debió ser sumamente difícil porque los niños, confundidos y tristes, sentían que ellas ocupaban el lugar de su madre. Diana decía que ella sospechaba de las más bonitas; así pues, ella y su hermano les hacían toda clase de travesuras como ponerles alfileres en los asientos de las sillas, esconderles la ropa o aventárselas por la ventana, o dejarlas encerradas en el baño. De hecho, la experiencia que Charles recogió de esa situación lo llevó a tomar la decisión de que jamás contrataría niñeras para cuidar a sus hijos.

Algunas veces el vizconde se reunía con los niños en su salita privada para tomar el té. Mary Clarke, una de las niñeras, recuerda que "eran momentos difíciles porque por aquellos días el señor Spencer no les tenía paciencia". Johnnie estaba enfrascado en sus propios asuntos: el Concejo del condado de Northamptonshire, los clubes de la *National Association of Boys* y su negocio de ganadería. Charles hace acopio de sus recuerdos para declarar que su padre estaba realmente triste después del divorcio, "como conmocionado —decía—. Solía permanecer en su escritorio. Recuerdo que muy de vez en cuando jugaba críquet conmigo en el jardín. Ese día era día de fiesta".

Cuando los niños fueron a la escuela formal el problema tomó otra modalidad. Charles y Diana eran 'diferentes' y ellos lo sabían. Eran los únicos de toda la escuela de Silfield cuyos padres estaban divorciados. Desde un principio esa situación los marginó del resto de los niños. Una de las compañeras de Diana decía que "ella era la única niña del grupo con padres divorciados, y en esa época tal situación no era muy común". Pero el colegio en sí poseía un buen ambiente. Bajo la dirección de Jean Lowe, que prestó testimonio a favor de lord Althorp durante el juicio de divorcio, la atmósfera se volvió familiar. Los grupos tenían pocos alumnos y los maestros ponían especial atención en sus clases, otorgando premios a los mejores en lectura, escritura y dibujo. Las instalaciones contaban con una cancha de tenis, un arenero, un área para jugar a la pelota y un jardín para "salir de cacería". Cuentan sus compañeras de generación que Diana era tranquila y tímida, y que desde los primeros días de clases hizo amistad con Alexandra Loyd. Dicen sus maestros que tenía muy buena letra y leía con fluidez, pero que tenía problemas de atención. La directora Lowe recordó que siempre estaba pendiente de los niños más pequeños, que le gustaban los animales y que en general tenía buena disposición para ayudar. Parece que en esta época no fue muy buena alumna en cuanto a aprovechamiento, pero eso sí, todos sus trabajos los dedicaba a "mamá y papá".

La pequeña Diana se las ingeniaba, no sin trabajos, para manejar "las tablas de multiplicar" y para aprenderse las lecturas de *Janet and John*. Envidiaba a su hermano menor, a quien todos coincidieron en calificar como un niño "formal y de buen comportamiento". Diana decía que "anhelaba ser tan buena en clase como él". Como suele suceder entre hermanos cuando son niños —y a veces también ya mayores—, Diana y Charles se peleaban con frecuencia y como Diana era más grande y por lo tanto más fuerte, ganaba infaliblemente. El niño se quejaba de que su hermana lo pellizcaba, pero pronto descubriría que podía lastimarla con la palabra y comenzó a llamarla "Brian", haciendo alusión a un caracol lento y tonto que protagonizaba por la televisión un show infantil. Relata Charles que en esos días la esposa del pastor local le llamó la atención por exagerar hechos o sucesos:

"No sé si un psicólogo lo atribuiría al trauma del divorcio, pero a mi hermana le resultaba muy difícil decir la verdad simple y llanamente. Un día la esposa del pastor detuvo el auto en el que nos llevaba a la escuela y le dijo: 'Diana Spencer, si dices una sola mentira más como ésa, te irás a casa caminando'. Por supuesto yo disfruté que la reprendieran".

Parece ser que Diana no podía tolerar el pique cada vez mayor que existía consciente o inconscientemente entre sus padres, ya que Frances y Johnnie se disputaban todo el tiempo el amor de sus hijos. Los colmaban de costosos regalos pero les negaban los besos y caricias que tanto necesitaban. El padre de Diana, cuyos espléndidos espectáculos de fuegos artificiales en la noche de *Guy Fawkes* eran ya famosos, organizó una fiesta para el séptimo cumpleaños de su hija. Pidió prestado al zoológico de Dudley un camello llamado Bert e hizo que pasearan a los chicos por el jardín sobre el lomo del animal. En vísperas de la Navidad, el vizconde les llevaba a Charles y a Diana el catálogo de *Hamley*, una enorme juguetería ubicada en el elegante barrio de West End de Londres, del cual escogían los regalos que querían que Santa Claus les trajera. El día de Navidad las medias que colgaban de sus camas se llenaban de regalos. En 1969, Diana recibió una invitación para la fiesta de bodas de su prima Elizabeth Wake-Walker con Anthony Duckworth-Chad, que se celebraría en St. James. Su padre le regaló un precioso vestido azul y su madre, un hermoso vestido verde. "No recuerdo cuál me puse —decía la princesa—, pero lo que sí recuerdo es que estaba completamente traumatizada porque mi decisión podía ser tomada como una muestra de favoritismo".

Acompañados por su niñera, Diana y Charles tomaban el tren cada fin de semana desde Norfolk a la estación de la calle de Liverpool en Londres, donde los esperaba su madre. Contaban los hermanos que cuando llegaban al departamento de Belgravia, su madre se echaba a llorar. Y cuando ellos preguntaban qué pasaba, ella, invariablemente contestaba: "Es que no quiero que se vayan mañana". Esto les llegó a producir un sentimiento de culpa y una gran confusión. Las vacaciones, divididas entre sus dos padres, eran igualmente sombrías

En 1969, Peter Shand Kydd fue presentado oficialmente como el nuevo esposo de su madre. Lo conocieron en la plataforma de la estación de trenes en Londres, durante una de las visitas de fin de semana. El padrastro resultó ser buen mozo, sonriente y vestido de traje y corbata. Provocó revuelo entre los chicos, sobre todo cuando su madre les contó que se habían casado esa mañana. Peter, que había hecho su fortuna en la fábrica familiar de empapelado, era un padrastro afectuoso y tranquilo. Tras un breve periodo en Buckinghamshire, los recién casados se mudaron a una modesta casa en los suburbios llamada Appleshore, en Itchenor, sobre la costa Oeste de Sussex, donde Peter, un veterano de la Armada Real, llevaba a los niños a navegar. Permitía que Charles usara su gorra de almirante; de allí nació su sobrenombre de "El Almirante". A Diana la llamaba "la duquesa" y se le quedó porque así la llamaban sus amigas más íntimas.

Alguna vez Charles Spencer se refirió a su hermana de esta manera: "La razón por la que Diana no es una malcriada es precisamente porque en nuestra niñez estuvimos expuestos a dos estilos de vida diferentes. No todo eran magníficas mansiones con mayordomos y sirvientes. La casa de mi madre era un lugar común y corriente, y durante las vacaciones pasábamos la mitad del tiempo con nuestra madre, de modo que vivíamos en un ambiente de relativa normalidad durante buena parte del año". Tres años más tarde (1972), los Shand Kydd compraron un terreno de cuatrocientas hectáreas en la isla de Seil, al Sur de Oban, en Argyllshire. Cuando llegaban los niños a pasar ahí el verano, disfrutaban de una vida paradisíaca, pescando caballas, buscando langostas y navegando; y, cuando el tiempo lo permitía, organizaban picnics en la playa. Diana tenía su propio poni, al que llamó Soufflé.

A Diana no le gustaba mucho montar a caballo debido a una experiencia que tuvo cuando ella tenía once años. Cierto día paseaba por el parque Sandringham montada en su poni, Romilly, cuando éste perdió el equilibrio y Diana cayó. Aunque el golpe le dolió, aparentemente no le había pasado nada, de modo que dos días después se fue a esquiar a Suiza. Poco después empezó a sentir que su brazo estaba muy flácido, por lo que la llevaron a un hospital para que le tomaran una radiografía, y allí le diagnosticaron 'debilidad ósea' (enfermedad común en los niños, por la cual los huesos se vuelven tan flexibles que en vez de quebrarse se doblan). Diana se repuso rápido pero prefirió cambiar las clases de equitación por la natación, el tenis y el baile.

La natación y el baile le resultaron muy útiles cuando su padre la inscribió en el colegio Riddlesworth Hall, a dos horas de Park House. Diana se encariñó mucho con ese colegio, donde conviviría con ciento veinte niñas. Sin embargo, la primera reacción cuando la llevaron por primera vez ahí fue sentir que la estaban traicionando. A la edad de nueve años Diana rehusaba dejar solo a su padre, pues con su característico instinto maternal lo cuidaba y lo mimaba mucho, mientras él intentaba recomponer el rompecabezas de su vida. Parece ser que los niños tomaron como una señal de rechazo su decisión de internarlos en un lugar lejos de su hogar. Diana contaba que le reprochaba el hecho diciéndole que "si la quisiera no la hubiera enviado ahí"; mientras su padre se empeñaba en explicarle con tacto y suavidad los beneficios de asistir a una escuela en la que se enseñaba ballet, natación, equitación y donde podía conservar a su querido *Peanuts*, su conejillo de Indias. Su mascota acababa de obtener un premio en la exhibición de Sandringham por su pelaje; "tal vez porque era el único candidato" —observaba la princesa al relatar sus memorias—. Tiempo después ganó la copa Palmer del rincón de las mascotas en su nuevo colegio.

En Riddlesworth Hall se encontraría con varias de sus amigas: Alexandra Loyd, su prima Diana Wake-Walker y Claire Pratt, la hija de su madrina Sarah Pratt, quienes había estado en un internado de Norfolk, cerca de Diss. Contaba su padre que cuando la dejó allí le sobresaltó un sentimiento de pérdida. "Fue un día terrible... la sensación de perderla". En ese entonces, Diana era una niña de rasgos dulces, tímida pero de alegre y abierta disposición, y aunque era callada en clase, durante la primera parte del año su rendimiento no fue brillante. La niña prefería divertirse y hacer travesuras con sus compañeras de grupo que esforzarse en estudiar y, aunque podía ser muy bulliciosa, prefería no ser el centro de atención. Nunca daba sus respuestas en voz alta ni se ofrecía para leer en clase. En una de las primeras obras que representó en la escuela hizo de muñeca holandesa y aceptó actuar con la condi-

Diana era una niña de rasgos dulces, tímida pero de alegre y abierta disposición. En su casa solía ponerse la ropa de sus hermanas mayores.

ción de que no tuviera que recitar nada. Se alborotaba en el dormitorio con sus compañeras pero en clase era callada. Era popular entre las niñas, sin embargo, ella se sentía marginada, y no a causa del divorcio de sus padres, sino porque tenía la convicción de que su vida tomaría un sendero sinuoso. "Siempre me sentí distante de todos. Yo presentía que iba a tomar un rumbo diferente, que mi destino sería otro" —expresaba la princesa.

A pesar de sus miedos y traumas, participaba alegremente en las actividades organizadas por la escuela. Representó a su equipo, Nightingale, en natación, y desarrolló su pasión por el baile. Cuando llegaba la temporada de preparar la obra navideña que se representaba anualmente, "a mí me fascinaba maquillarme y disfrazarme. Era una de las que más le rendía homenaje a Jesús" —declaraba Diana divertida. En su casa solía ponerse la ropa de sus hermanas mayores.

Años de estudiante

Jane Spencer era la más sensata de los cuatro hermanos, pero Diana se llevaba mejor con Sarah, su hermana mayor. Sarah contaba que cuando regresó del colegio West Heath, Diana se encargó de ayudarle a desempacar su ropa y a guardarla, le preparó el baño y le ordenó su cuarto para que se sintiera cómoda. Su gusto por el trabajo doméstico llamó la atención no sólo del mayordomo de la finca de Althorp, Albert Betts, que la recuerda planchando sus pantalones y realizando quehaceres de la casa, sino también de la directora de Riddlesworth, Elizabeth Ridsdale —Riddy para las alumnas—, que le otorgó la Copa Legatt por su vocación de servicio.

Este premio enorgulleció a su abuela, la condesa Spencer, que siempre había mirado a Diana con gran afecto desde los tiempos del divorcio de sus padres. Ese afecto era correspondido y cuando, en el otoño de 1972 murió de un tumor cerebral, Diana quedó muy afectada. Asistió a su funeral en la Capilla Real del palacio de St. James, en el que se presentaron la Reina Madre y la princesa Margarita. Lady Di decía que la condesa Spencer "siempre conservaría un lugar muy especial en su corazón".

Poco después, Diana habría de presentar el examen que le permitiría seguir los pasos de sus hermanas Sarah y Jane en el internado para señoritas de West Heath, cuyas instalaciones se encuentran en un parque arbolado de doce hectáreas, en las afueras de Sevenoaks, en Kent. El colegio, fundado en 1865 sobre principios religiosos, enfatizaba "el carácter y la seguridad" de las niñas tanto como el rendimiento académico. Pero su hermana Sarah había demostrado demasiado carácter para el gusto de la directora, Ruth Rudge.

Sarah, una joven competitiva por excelencia, se destacó al aprobar seis exámenes *O levels*; representó a su escuela en las exhibiciones de equitación en Hickstead; participaba con éxito en las representaciones teatrales y formaba parte del equipo de equitación. Su carácter altamente competitivo significaba también que tenía que ser la más valiente, rebelde e indisciplinada de toda la escuela. "Tenía que ser la mejor en todo" —recuerda una de sus contemporáneas. Uno de esos días la abuela Ruth, (lady Fermoy) vio a su nieta, pelirroja y exuberante, cuando entraba cabalgando a Park House y la perdonó. El problema era que *miss* Rudge le dijo que empacara sus cosas y se tomara un tiempo de vacaciones.

Jane, era completamente diferente a la mayor. Capitaneaba el equipo de *lacrosse* y era sumamente brillante en la escuela; aprobaba siempre con las mejores notas. Se destacaba por su sensatez y seguridad y era la mejor alumna de sexto grado cuando Diana llegó a la escuela. Diana admiraba a su hermana mayor pero habría de pasar mucho tiempo antes de que lograra tener una buena relación con Jane. Cuentan que cuando Jane era una jovencita formal prote-

Los niños Spencer se impactaron cuando Raine (su madrastra) hizo su aparición en Althorp a comienzos de los años 70.

gía más a Charles que a Diana, por lo que ésta, lógicamente, se inclinaría por imitar a Sarah.

Durante las primeras semanas en el internado, Diana se mostró inquieta e indisciplinada. Uno de sus biógrafos cuenta una anécdota que pinta a la princesa en esa época:

"Una noche, sus amigas examinaron los paquetes de golosinas que tenían en sus cajones y le dijeron a Diana que ten-

dría que reunirse en la entrada del parque del colegio con otra de las niñas que le daría más provisiones. Era un riesgo pero lo aceptó. Mientras caminaba por un sendero lleno de árboles en medio de la noche, logró sofocar su miedo a la oscuridad. Cuando llegó a la puerta principal descubrió que no había nadie. Estuvo esperando largo tiempo pero nada pasó. De pronto aparecieron dos patrulleros en la puerta de entrada y ella tuvo que esconderse tras una pared para que no la vieran. Luego advirtió que estaban encendiendo todas las luces de los edificios, pero no le dio importancia alguna. Finalmente decidió regresar al dormitorio. Estaba aterrada no tanto por la posibilidad de que la descubrieran sino porque llegaba con las manos vacías. Pero en su ausencia, una de sus compañeras se había quejado a causa de un fuerte dolor por apendicitis y cuando fueron a examinarla, la maestra notó que la cama de Diana estaba vacía. Eso puso fin al juego. Diana no fue la única que recibió un fuerte regaño, miss *Rudge* mandó llamar a sus padres y a ellos también les manifestó su enorme disgusto. En su fuero interno, a Johnnie y a Frances les había divertido el suceso. Su "hijita" tan dócil y obediente había exhibido su carácter. "No creí que fueras capaz de algo así" —le dijo su madre más tarde.

Si bien el incidente puso freno a sus travesuras todavía infantiles, Diana siempre estuvo dispuesta a enfrentar cualquier reto. Uno de sus preferidos era a la hora de la comida. "Siempre nos divertíamos pidiéndole a Diana que se comiera tres porciones de pescado y seis rebanadas de pan en el desayuno. Y lo mejor era que lo hacía" —relataba una de sus compañeras. Su reputación de glotona la llevaba a visitar seguido la enfermería a causa de los dolores de estómago, pero esas niñerías no afectaban su popularidad. Una de sus mejores amigas de esa época, Carolyn Pride, (Carolyn Bartholomew, después) y que luego compartió su departamento en Londres, la recordó como una niña de "carácter fuerte, alegre y bulliciosa".

La misma referencia dice que "Jane era muy popular, agradable, retraída pero sin ser conflictiva. Diana, en cambio, estaba más llena de vida y tenía un carácter más efervescente". Carolyn y Diana hicieron amistad desde un principio porque eran las únicas cuyos padres estaban separados. "No era un problema para nosotras y no nos sentábamos en un rincón a llorar"; aunque otras alumnas recordasen que Diana era "una niña muy reservada" que no expresaba sus sentimientos.

Sin embargo, a Diana le preocupaba en extremo su rendimiento en la escuela. Parece que cuando se comparaba con sus hermanos le resultaba muy difícil aceptarse como una estudiante mediocre. Charles, que asistía a Maidwell Hall, en Northamptonshire, demostraba aptitudes extraordinarias que luego le permitieron ingresar en la Universidad de Oxford. "La desgarbada adolescente, que tendía a encorvarse para disimular su altura, ansiaba ser tan buena en la escuela como su hermano". Estaba celosa y se sentía un fracaso. "No era buena en nada. Me sentía frustrada e inútil" —declaró lady Di refiriéndose a su primera época de estudiante. Parece ser que le costaba mucho trabajo alcanzar los objetivos de matemáticas y ciencias, y que se sentía más a gusto con aquellos temas que tenían que ver con la humanidad. La historia, sobre todo la de los Tudor y los Estuardo, la fascinaba, mientras que en inglés disfrutaba de libros como *Orgullo y prejuicio* y *Far from the Madding Crowd*. Eso no le impedía leer las novelas románticas y sensibleras de Bárbara Cartland, que pronto se convertiría en su nueva abuela. Escribía interminables ensayos que, según ella, "le salían naturalmente, sin poder parar de escribir". Pero cuando se enfrentaba al silencio de la sala de exámenes, Diana se bloqueaba. Los primeros exámenes de literatura inglesa, lengua, historia, geografía y arte, los reprobó.

Pero el éxito que no obtenía en clase provino en cambio de un área inesperada. West Heath fomentaba en las alumnas el amor y la caridad hacia el prójimo, lo que se traducía en visitas a los ancianos, enfermos y discapacitados mentales. Todas las semanas Diana y otra de las niñas de la escuela, visitaban a una anciana de Sevenoaks. Estas visitas consistían en tomar con ella una taza de té con galletitas, hacer el aseo de la casa y ocuparse de las compras. Al mismo tiempo, el Servicio Voluntario local organizaba visitas a Darenth Park, un hospital psiquiátrico cerca de Dartford. Un grupo de adolescentes voluntarias salía en autobús los martes por la tarde, para bailar con los pacientes discapacitados.

Otro grupo de jóvenes colaboraba con adolescentes hiperactivos que tenían tantos conflictos que costaba un gran esfuerzo hacerlos sonreír. Refiriéndose a la labor altruista de Diana, Muriel Stevens, encargada de organizar estas visitas, comentó que "fue ahí donde ella aprendió a andar por el suelo porque un gran número de pacientes ni siquiera se ponía de pie". Las primeras veces, muchas jovencitas se mostraban temerosas de esas visitas al hospital, sentimiento alimentado por el miedo a lo desconocido. Diana, en cambio, descubrió que tenía una capacidad innata para estas tareas. Establecía una relación intuitiva con los pacientes y sus esfuerzos le proporcionaban una verdadera sensación de logro, lo que contribuyó considerablemente a mejorar su autoestima.

Por otro lado, resultó ser una excelente atleta. Ganó premios y copas en las competencias de natación durante cuatro años consecutivos. Su "show especial", cuando se zambullía en el agua "sin producir ondas" era siempre motivo de admiración. Era capitana del equipo de *netball* y jugaba muy bien al tenis. Sin embargo, vivía a la sombra de sus hermanas deportistas y de su madre, que había sido "capitana de todo" en su época y que podría haber participado en la categoría juvenil en Wimbledon de no haber sido por un ataque de apendicitis.

Cuando Diana empezó a tomar lecciones de piano cualquier progreso que hacía se veía opacado frente a los logros de su abuela Ruth, lady Fermoy, que había ofrecido un recital en el Royal Albert Hall ante la Reina Madre, y frente a su hermana Sarah que estudió piano en un *conservatoire* de Viena, tras haber salido abruptamente de West Heath. En cambio, su trabajo comunitario era un logro personal en el que no tenía que competir con nadie de la familia. Ella reconocía que fue lo primero que le dio verdaderas satisfacciones.

Otra actividad que le brindó la posibilidad de sobresalir fue el baile. Le gustaban sus clases de ballet y de danza moderna, y aspiraba a ser bailarina, pero era demasiado alta pues medía casi un metro ochenta. Una de sus obras preferidas era *El lago de los cisnes,* que vio hasta cuatro veces cuando asistió a los teatros de Londres. Cuentan que en medio de la noche se escurría fuera de la cama para practicar en el nuevo salón de ballet de la escuela, y que ponía música en un tocadiscos y se pasaba horas enteras practicando pasos de baile. "Me ayudaba a liberar las tensiones" —explicaba Diana en una de las tantas entrevistas que le hicieron. A fines de 1976 —tenía 15 años—, ganó el concurso de baile de la escuela.

Cuando la familia se mudó a Althorp en 1975, Diana se encontró con un salón de baile perfecto. En verano practicaba arabescos apoyada en las balaustradas de la casa y cuando no había visitas, bailaba en el salón de recepciones, conocido oficialmente con el nombre de Wootton Hall, cuyo piso de mármol le permitía deslizarse libremente. Charles, su hermano, dice que ella se negaba a bailar en público pero que él y el personal de servicio se turnaban para verla por la cerradura ataviada con su malla negra de baile. "Realmente nos impactaba" —decía.

En Althorp con la madrastra

Los Spencer se mudaron a Althorp cuando murió el abuelo, el séptimo conde Spencer, el 9 de junio de 1975. El abuelo tenía ochenta y tres años y conservaba aún toda su lucidez. Murió a causa de una neumonía que lo mantuvo en un hospital un breve periodo de tiempo. Esto causó una gran conmoción familiar y conllevó a grandes cambios. Las niñas pasaron a ser *Ladies* y Charles, que por entonces tenía once años, se convirtió en vizconde; su padre pasó a ser el octavo conde y heredero de Althorp. En virtud de las cinco mil hectáreas en Northamptonshire, las más de cien cabañas, la valiosa colección de cuadros, varios de ellos pintados por Sir Joshua Reynolds, los libros antiguos, las porcelanas, los muebles y la platería del siglo XVII, incluyendo la colección de Marlborough, Allthorp era todo un estilo de vida más que una fabulosa residencia.

John Spencer heredó también una deuda de 2,2 millones de libras y ochenta mil libras de costo anual por mantenimiento. Pero esto no le impidió mandar construir una piscina para que sus hijos se divirtieran en su nuevo domicilio durante las vacaciones. Diana se pasaba el día nadando, caminando por los jardines, manejando el cochecito azul de Charles y, por supuesto, bailando. El personal doméstico la adoraba porque les resultaba simpática y modesta, con una pasión por los chocolates, los dulces y las novelas acarameladas de Bárbara Cartland.

En época de vacaciones, Sarah llegaba de Londres trayendo consigo a sus sofisticadas amigas, lo cual le encantaba a Diana. Sarah era muy popular y admirada por sus compañeras, sobre todo después de que su padre organizó una espléndida fiesta en 1973, en Castle Rising, un castillo normando en Norfolk, para presentarla en sociedad. Cuentan que en esa ocasión los invitados llegaron en carruajes tirados por caballos y el sendero que conducía al castillo estaba iluminado con antorchas. Los pretendientes de Sarah pertenecían a su mismo rango social y en ese entonces se esperaba que su relación con el acaudalado duque de Westminster terminara en matrimonio, mas no fue así.

Una de las mejores amigas de Sarah, Ludinda Craig Harvey, describió así a la lady Di de esa época: "Era una chica enorme que vestía horrorosos vestidos de embarazada diseñados por Laura Ashley. Era muy tímida, se sonrojaba fácilmente y merecía ser la hermana menor. Sin duda, distaba mucho de ser elegante y no valía la pena ni siquiera mirarla". Sin embargo, Diana participaba de las fiestas, de los picnics y de los partidos de críquet con sumo entusiasmo. Esas confrontaciones deportivas entre los habitantes de la casa y sus vecinos terminaron con la llegada de un personaje que cualquier director de cine hubiera codiciado.

En el libro de visitas de Althorp quedó asentado en forma críptica lo que en adelante sería determinante para los Spencer: "*Raine puso fin a la diversión*". A Raine Spencer se le ha descrito como un personaje muy original. "Con su peinado exagerado, sus plumas sofisticadas, su encanto efusivo y su sonrisa radiante, es una condesa hecha caricatura". Raine era hija de la novelista romántica Bárbara Cartland y ya había ingresado en el *Quién es quién* con una descripción de media página antes de conocer a Johnnie Spencer. Antes lady Lewisham, que pasó a ser la condesa de Dartmouth, Raine era un figura muy controvertida en el mundo político de Londres, donde cumplía la función de concejal en la Representación del condado de Londres. Sus opiniones le granjearon popularidad y su fotografía aparecía a menudo en las columnas de sociales. No obstante, era una mujer de carácter férreo que se mezclaba con su gran encanto personal y una gran facilidad de palabra. Trabajó con el conde Spencer en un libro sobre el Concejo de Londres publicado con el título *¿Cuál es nuestra herencia?* y pronto advirtieron que tenían muchas cosas en común. Raine tenía cuarenta y seis años y había cumplido veintiocho de casada con el conde de Dartmouth, con quien había procreado cuatro hijos, William, Rupert, Charlotte y Henry. Johnnie Spencer y el conde de Dartmouth habían sido grandes amigos durante sus años en el colegio.

Los niños Spencer se impactaron cuando Raine hizo su aparición en Althorp a comienzos de los años 70. Su presencia en la fiesta de Sarah en Castle Rising levantó muchos murmullos entre la alta burguesía de Norfolk. Cuando Diana y su hermano observaron de cerca a la nueva mujer de su padre "no nos gusto nada" —confesaría Charles. A su padre le dijeron que no les parecía que se casara con ella. En 1976, Charles, que tenía entonces doce años, expresó abiertamente sus sentimientos enviándole a Raine una carta "soez" mientras que Diana instó a una compañera a que le escribiera a su futura madrastra una carta llena de "veneno". El incidente que llevó a los niños a actuar de esta manera databa de antes de que su abuelo muriera, al descubrir una carta que Raine le había enviado a su padre en donde hacía planes para Althorp. Parece ser que la opinión que le merecía el abuelo no correspondía en absoluto al modo tan fingido como lo trataba en público. Pero a pesar de la oposición de la familia, Raine y Johnnie se casaron el 14 de julio de 1977, muy poco tiempo después de que ella firmó su divorcio. A los niños no les anticiparon nada acerca de la boda y Charles se enteró de que tendría una madrastra por medio de la directora de la escuela.

Raine se encargaría de hacer cambios radicales en Althorp con objeto de sanear la economía de la familia y así poder cancelar las exorbitantes deudas del nuevo conde. Empezó por reducir el personal al mínimo y, a fin de habilitar la casa al público y de esta forma ganar dinero para la familia, hizo que transformaran el establo en un salón de té y exhibidor para venta de regalos. Con el tiempo se vendieron numerosos cuadros, muchas antigüedades y otros *objets d'art* a precios muy bajos y los niños Spencer no dejaban de criticar el modo en que se "reformó" la casa. El conde Spencer defendió el manejo firme que su mujer hizo de la propiedad, aduciendo que "los costos de la reforma fueron inmensos".

Así pues, la relación entre Raine y los hijos del conde no fue buena. Ella comentaría en público esta desavenencia en una entrevista para la prensa: "Estoy harta del papel de la 'mala madrastra' —expresó. Lo cierto es que Sarah se le enfrentaba a cada momento y se oponía a que se sentara a la cabecera de la mesa, además de que la desautorizaba frente a la servidumbre. Jane no le habló durante dos años, y con Diana fue más indulgente, pues dijo que "era una niña dulce que siempre estaba en lo suyo".

Diana, de hecho, contuvo su molestia durante años hasta que finalmente explotó en 1989 cuando se hacían los preparativos para el casamiento por la iglesia de su hermano con Victoria Lockwood, una famosa modelo. Raine se negó a dirigirle la palabra a Frances, la madre de Diana, aún cuando estaban sentadas una al lado de otra. Diana dio rienda suelta a todo el enojo que había acumulado durante más de diez años, y cuando la enfrentó, Raine respondió: "No tienes idea de todo el dolor que tu madre le causó a tu padre". Diana, enfurecida, la atacó: "Dolor. Ésa sí que es una palabra que usted ignora —le dijo—. Yo veo cómo sufre la gente; en cambio, usted, no lo verá jamás y, sin embargo, habla de dolor... Hay muchas cosas que usted no sabe". Diana misma confesó que esa vez le dijo a su madrastra muchas cosas más. Tiempo después Frances declaró que aquella había sido la primera vez que alguno de la familia la había defendido.

Pero en Althorp, sobre todo en los primeros tiempos, los niños no la tomaban en serio. Se divertían con su afición a clasificar a los invitados de acuerdo a su categoría social. Cuando Charles regresó de Eton donde estudiaba, les pidió a sus amigos que se presentaran con nombres falsos. Uno de ellos dijo que se llamaba James Rothschild, sugiriendo que pertenecía a la famosa familia de banqueros, y Raine, entusiasmada le dijo: "De modo que eres hijo de Hannah". El amigo asintió y luego se puso en evidencia cuando escribió incorrectamente el apellido en el libro de las visitas. En otra ocasión, en un picnic de fin de semana, una amiga de Sarah apostó a que Charles no se atrevería a arrojar a su madrastra a la piscina, pero Raine, quien se había puesto un vestido largo, se dio cuenta a tiempo de las intenciones de Charles y salió huyendo de la reunión. Asimismo, los hermanos Spencer opinaban que las Navidades en Althorp, bajo la dirección de Raine Spencer resultaban ridículas, comparadas con el lujo habitual de Park House.

Diana era ya una jovencita de dieciséis años que poco a poco adquiría seguridad y confianza en sí misma, lo que le valió el honor de que la nombraran prefecta de la escuela. Poco antes le habían otorgado el premio Miss Clark Lawrence por su dedicación al servicio social. Cuando terminó sus estudios en West Heath, Diana siguió los pasos de Sarah pues se inscribió en el *Institut Alpin Videmanette*, una escuela para ni-

Diana estudiaba en el *Institut Alpin Videmanette* de Suiza. Era ya una jovencita de dieciséis años que poco a poco adquiría seguridad y confianza en sí misma.

ñas ricas cercana a Gstaad, en Suiza, cuyo objetivo era preparar a las señoritas para la vida familiar y social, y donde tomó clases de economía doméstica, puericultura, corte y confección y cocina. Cuentan sus biógrafos que en lugar de aprender bien el francés, Diana se pasaba el día hablando en inglés con su amiga Sophie Kimball y que las únicas clases que le gustaban eran las de esquiar. La joven se aburría y numerosas veces pidió a sus padres que le permitieran volver a casa hasta que éstos cedieron cuando ella adujo que no hacían más que malgastar su dinero en ella.

Cuando Diana regresó a Inglaterra y dio por terminados sus años escolares, se operó un cambio físico en ella. A partir de ese momento se mostró más alegre, más bonita y radiante. Había adquirido madurez y solía estar más tranquila y serena. Las amigas de sus hermanas decían que aunque era algo tímida y tenía unos kilos de más, se había convertido en "una chica muy popular". "Era muy divertida, agradable y generosa" —dijo una de esas amigas.

Sin embargo, su hermana Sarah empezó a encelarse del cambio favorable que se había operado en Diana, pues temía que la chica le hiciera sombra a su conquistada popularidad. La rivalidad sobrevino en uno de los últimos fines de semana al viejo estilo de Althorp. Diana le pidió a su hermana que la llevara a Londres y Sarah se negó argumentando que tendría que gastar más dinero en combustible llevando a una persona más en el auto. Sus amigas se burlaron, lo que puso en evidencia, por primera vez, cómo la balanza se inclinaba a favor de lady Di. "De pronto el insignificante patito feo se estaba transformando en un cisne" —dijo Charles refiriéndose a esta etapa en la vida de su hermana.

2
Lady Di

Tiempos de independencia

Diana Spencer se independizó, como toda jovencita inglesa, antes de los dieciocho años. No había conseguido un solo título en la escuela superior, ni tenía ninguna habilidad en particular; sólo la vaga idea de que quería trabajar con niños. Era —y sigue siendo— común entre las jóvenes de su clase y de su educación emplearse en trabajos mal remunerados. Siguiendo la tradición de sus antepasados, las familias aristocráticas invierten todo el esfuerzo y dedicación en la educación de los hijos varones. Existe aún la tácita creencia de que si las jovencitas completan su educación formal con un curso de cocina o pintura, podrán competir en igualdad de condiciones con sus refinadas amistades en el mercado de las hijas casaderas. Todavía en los primeros años del reinado de Isabel, se formalizaba la presentación en sociedad de las jóvenes en el Palacio de Buckingham, seguida de los bailes de debutantes. De hecho, los padres de Diana se conocieron en uno de esos bailes en 1953, año en que Frances debutó en sociedad, y Raine, su madrastra fue elegida "debutante del año".

Cuando lady Di regresó de Suiza, su hermana Jane estaba comprometida con Robert Fellowes, hijo del administrador de Sandringham, propiedad de la Reina y secretario privado de ésta. Jane le pidió que fuera su primera dama de honor en la boda, la cual se celebraría en Guards Chapel en abril de 1978. Diana tenía dieciséis años y estaba decidida a trabajar en Londres. Como sus padres consideraron que no era tiempo aún de que viviera sola, la llevaron a casa de unos amigos, el mayor Jeremy Whitaker, fotógrafo, y su esposa Philippa, quienes vivían en Headley Bawden, donde permaneció tres meses. Como muchas chicas inglesas había decidido ganarse la vida como *babysitter* (niñera) en casas de amigas casadas, o bien, asistiéndolas en los quehaceres del hogar. Trabajaba por horas y en ese entonces ya sabía que era una actividad provisional en tanto llegaba la gran oportunidad de su vida porque, en realidad, Diana había descubierto durante su estancia en el colegio de West Heath, dónde residía su verdadera fuerza.

No era brillante como Sarah; no le interesaba la cultura y sus aficiones literarias se limitaban a las novelas rosas de su abuelastra Bárbara. Era desde luego una deportista aceptable, pero nada que se pudiera calificar como sobresaliente. En lo único que no la aventajaba nadie era en la manera cómo se desenvolvía cuando se trataba de visitar a los pobres, atender a los ancianos o consolar a los enfermos en los hospitales. El voluntariado era —y sigue siendo— una actividad normal entre las señoritas de la aristocracia británica, pero ella lo convirtió en arte. Era capaz de estrechar en sus brazos a los pobres o a los enfermos mientras sus compañeras hacían gestos repulsivos. Diana, ya princesa de Gales, comprobaría el enorme valor de esta cualidad cuando durante las visitas oficiales la acompañaban los fotógrafos, y con la consabida actitud vería multiplicados por mil los efectos benéficos sobre su imagen pública.

Pero antes de llegar a la cima y alcanzar su absoluta realización personal, Diana Spencer se ocupó como asistente de educadora en el jardín de niños *Young Enagland* a cargo de Victoria Wilson y Kay Seth-Smith, en la iglesia St. Saviour del barrio londinense de Pimlico. Al principio iba varias tardes por semana y les enseñaba a los niños dibujo, pintura y danza. Después le pidieron que trabajara también por las mañanas. Al mismo tiempo, martes y jueves, cuidaba a Patrick Robinson, el hijo de un petrolero norteamericano.

Vivió, primero, en el departamento de Frances, su madre, quien pasaba la mayor parte del año en Escocia. El piso estaba ubicado en el barrio de Chelsea, en Cadogan Square y sería su hogar por un año. Lo compartía con Laura Greig, una compañera de su escuela, quien después sería una de sus damas de compañía en la corte; y luego con Sophie Kimball, la hija de Marcus Kimball, que en ese entonces ocupaba un silla en el Parlamento por el Partido Conservador. Pero, al cumplir los dieciocho años, lady Di recibe un espectacular regalo: un departamento de tres recámaras en una dirección que pronto se hará famosa, el número 60 de Coleherne Court, en el elegante barrio londinense de Kensington. Diana vive dos años ahí, en su departamento de soltera, que ella misma decoró, valorado en cincuenta mil libras esterlinas, con su amiga —y más tarde madrina de sus hijos— Carolyn Bartholomew y otras dos compañeras, Anne Bolton y Virginia Pitman, quienes vivieron con ella todo su romance con el príncipe Carlos. Esto sucedió entre julio de 1979 y el momento de su boda en julio de 1981.

La princesa de Gales recordaba esos días en Coleherne Court como los más felices de su vida. "Jamás me reí tanto" —dijo en una de las tantas entrevistas que le hicieron. Parece ser que lo único que empañó esa vida fue el día que entraron a su departamento y le robaron la mayor parte de sus joyas. Por lo demás, la pasaba muy bien pues les cobraba a sus inquilinas dieciocho libras a la semana y hacía los programas semanales de limpieza. Ella ocupaba la recámara principal, de cuya puerta colgaba un cartel que decía "Jefa" aunque "siempre traía puestos los guantes de goma y daba vueltas por toda la casa" —recordaba Carolyn.

A pesar de que Virginia y Diana habían tomado costosos cursos de *cordón blue,* rara vez se metían a la cocina. Las dos especialidades de Diana eran *roulades* de chocolate y *borscht* a la rusa. Sus amigas le encargaban esos platillos para sus casas, pero casi nunca llegaban ni siquiera a la puerta porque se los devoraban antes. Su alimentación consistía en cereal de salvado y chocolate. "Estábamos bien gorditas" —decía Carolyn refiriéndose a esa época.

Sin embargo, a Diana le sobraba tiempo libre y Sarah, su hermana, la ocupó como mucama en su departamento de Elm Park Lane, Chelsea. Lucinda Craing Harvey, que vivía con Sarah comentó al respecto: "Diana tenía veneración por su hermana; en cambio ella la trataba como si fuese un trapeador. Me decía que con confianza le pidiera a Diana que hiciera la limpieza". Ella hacía todo el aseo de la casa, lavaba y planchaba y le pagaban una libra por hora. Cuando se comprometió con el príncipe Carlos, Diana hizo un comentario referente a su trabajo doméstico en la tarjeta de agradecimiento a las felicitaciones que le envió Lucinda: "Lejos quedaron los días en que tenía que limpiar. Me pregunto si alguna vez volverán".

Cuando no tenían nada que hacer, la princesa y sus amigas se entretenían haciendo bromas por teléfono o tomando por asalto los departamentos y los autos de sus conocidos. Carolyn decía que "solían hacer paseos nocturnos; que se pasaban dando vueltas por Londres como si fueran agentes secretas". Si alguien las ofendía o las dejaba plantadas, recibía su merecido y con creces, pues iban a tocar el timbre de su casa en la madrugada, o bien, ponían cinta adhesiva en la cerradura de su puerta. Cuentan que un amigo de Diana, James Gilbey, que trabajaba para una empresa de alquiler de autos en Victoria, se levantó una mañana y encontró su Alfa Romeo con plastas de huevo y harina, endurecidas como piedras por el frío y el paso de las horas. El motivo de la venganza fue que había dejando plantada a Diana.

Sus amigos no se quedaban atrás. Una tarde le colocaron dos enormes carteles a su Honda Civic en los que se leía: "Escuela para Conductores". Diana logró quitarlo pero cuando arrancó su coche se dio cuenta que le habían atado en la defensa trasera una ristra de latas. El par de amigas vengaron la broma con huevo y harina. Dicen que estas inocentadas continuaron durante el romance de la joven con el príncipe Carlos. "Éramos juguetonas y atrevidas como se decía, pero en el fondo éramos chicas serias" —decía Carolyn. Tenían muchos amigos y la mayoría de ellos eran los ex alumnos de Eton que había conocido en marzo de 1979, en Suiza.

Por otro lado, esos tres años que vivió en Londres, Diana formó parte de un grupo que actualmente se identifica despectivamente como "la brigada de las cintas de terciopelo". Lo conforman un grupo de damas de la alta sociedad que coinciden en ciertos valores, moda, educación y refinamiento. Se inscribió en dos agencias de empleos y no sólo trabajó como *babysitter* y empleada doméstica, sino también como camarera en fiestas privadas. Su vida londinense era muy tranquila. No fumaba ni probaba bebidas alcohólicas; pasaba su tiempo libre leyendo, mirando el televisor, en casa de sus amigos o saliendo a comer a algún restaurante modesto. Jamás se le vio en discotecas de mala fama, en fiestas escandalosas o *pubs* llenos de humo. La mayoría de sus biógrafos coinciden en que fueron sus eternos detractores a sueldo quienes se encargaron de publicar las notas difamatorias que tanto dañaron su imagen. Afirman que Diana era en verdad una solitaria por inclinación y costumbre.

Lady Di pasaba los fines de semana en el campo: con su padre en Althorp, en la casa de campo de su hermana Jane o en alguna fiesta organizada por algunos de los que integraban su creciente círculo de amistades. Se reunía con sus amigas de Norfolk y de West Heath que ya vivían en Londres e integraban su círculo: Alexandra Loyd, Caroline Harbord-Hammond, la hija de Lord Suffield, Theresa Mowbray, la ahijada de Frances, su madre, y Mary-Ann Stewart-Richardson.

En septiembre de 1978, cuando pasaba un fin de semana en Norfolk, en casa de los padres de su amiga Caroline, le avisaron a Diana que su padre había caído desmayado en el jardín de su casa de Althorp a causa de una hemorragia cerebral masiva y que había sido llevado de urgencia al Hospital General de Northampton. Ella se reunió con sus hermanos y juntos pasaron dos días, con sus noches, atrincherados en la sala de espera mientras el conde se aferraba a la vida. Cuando los médicos anunciaron que existía una leve esperanza de que el enfermo se salvara, Raine pidió una ambulancia privada y ordenó que lo trasladaran al Hospital Nacional para Trastornos Nerviosos de Queen Square, en el centro de Londres, donde permaneció varios meses en estado de coma. La madrastra se encargó de que los hermanos Spencer no tuvieran acceso al cuarto de su padre. Ella declararía más tarde en una entrevista de prensa: "Soy una sobreviviente y a la gente no le conviene olvidarlo. Estoy hecha de acero puro. Nadie puede destruirme y nadie iba a destruirme en esos momentos ni a Johnnie estando yo a su lado, aunque algunos trataron de detenerme, de impedir que le trasmitiera mi fuerza". A medida que se desarrollaban los acontecimientos, la relación entre Raine y sus hijastros se fue deteriorando a tal grado que las discusiones se hicieron agrias y acaloradas.

En noviembre, el conde Spencer sufrió una recaída y fue trasladado al Hospital Brompton en South Kensington. Su estado era crítico y los médicos no albergaban esperanza alguna de que superara la crisis. Raine buscaba a toda costa salvar a su marido y recurrió a una droga alemana llamada aslocilina, de la cual tenía conocimiento y cuya venta no estaba autorizada en Gran Bretaña. Ella la consiguió y los doctores se la suministraron al conde. Cuentan que una tarde mientras velaba al enfermo y escuchaba

Madame Butterfly, el conde abrió los ojos y "resucitó". En enero de 1979 fue dado de alta y Raine se lo llevó al costoso Hotel Dorchester en Park Lane, donde permanecieron un mes hasta que Johnnie se restableciera por completo. Durante ese tiempo, las relaciones familiares empeoraron y los jóvenes Spencer visitaban a su padre a escondidas, cuando Raine se ausentaba. Pero como el conde Spencer alternaba los estados de conciencia e inconsciencia, no se enteraba de la presencia de sus hijos, y además tenía conectada en la boca una sonda para recibir alimentos. Refiriéndose a esa época Diana llegó a decir: "No podía ni siquiera preguntar por nosotros. Sabe Dios lo que pensaba, ya que nadie le avisaba que íbamos a verlo".

Diana había comenzado un curso de cocina días antes de que su padre sufriera el ataque. Durante tres meses tomó el subterráneo a Wimbledon para ir a casa de Elizabeth Russel, quien desde tiempos inmemoriales enseñaba a preparar deliciosas salsas, biscochos y suflés a las hijas de los caballeros, duques y condes. Terminó el curso con algunos kilos de más y un diploma que confirmaba sus esfuerzos.

Cuando la salud del conde empezó a mejorar, su madre decidió tomar las riendas de su futuro. Consiguió que la recibieran en la escuela de baile de Betty Vacani, la legendaria profesora que educó a tres generaciones de la realeza, con el fin de que se convirtiera en maestra de danza. Diana pasó los exámenes preliminares y, en la primavera, comenzó sus clases en el Estudio de Danza Vacani de la calle Brompton, mismas que tuvo que abandonar a los tres meses, pero esta vez no por su culpa, pues en marzo (1979), su amiga Mary-Ann Stewart-Richardson y su familia la invitaron a esquiar a los alpes franceses, donde sufrió una seria caída desgarrándose los tendones del tobillo izquierdo. Le enyesaron el tobillo innumerables veces hasta que logró que se le curaran los tendones. Ese fue el fin de su ilusión de convertirse en profesora de baile.

A pesar del infortunado incidente, Diana recordaba aquel viaje a Val Claret como las vacaciones más divertidas y despreocupadas de su vida. Allí fue donde conoció a quienes se convertirían en sus amistades más desinteresadas y leales de su vida. En esa época, los Stewart-Richardson estaban recuperándose de una tragedia familiar y la joven decidió que no era prudente quedarse con ellos. Entonces aceptó la invitación de Simon Berry, el hijo del acaudalado comerciante de vinos, a sumarse al grupo que se hospedaría en su chalet. El joven Berry, junto con James Bolton, Alex Lyle y Christian De Lotbiniere, tres ex alumnos de Eton, habían creado una agencia de viajes que llamaron 'Ski Bob' al descubrir que no tenían edad para contratar por sí mismos excursiones. Le habían puesto así por Bob Baird, una autoridad de Eton. Para cada miembro del grupo era un elogio que se les conociera como un "Bob".

Lady Di no tardó en convertirse en una 'Bob' y los "Bob's" se la pasaban esquiando en grupo, aventándose las almohadas, jugando a las adivinanzas, componiendo canciones chuscas y haciendo parodias. Diana se convirtió en el blanco de todas las bromas cuando se supo que en su dormitorio de la escuela había colgado una fotografía del príncipe Carlos, tomada el día de su investidura en 1929. "No tengo la culpa —alegaba—. Fue un regalo para la escuela".

Los hombres que integraban su círculo eran buenos chicos, educados, confiables, sencillos y agradables. Entre ellos se encontraban: Harry Herbert, cuyo padre estaba al servicio de la Reina; James Boughey, conde de Carnarvon y teniente de un hacendado que la invitó al teatro la noche en que se comprometió; el artista Marcus May; Rory Scott, entonces rutilante teniente de los Royal Scotts Guard; y también Simon Berry, Adam Russell y James Colthurst. Simón declaró que "todos habían sido muy buenos amigos"; y sobre la princesa, Rory Scott dijo que "era una muchacha a la que nunca le gustaron los hombres de costumbres sofisticadas". Se ha llegado a la conclusión de que al final de su etapa de adolescente, Diana prefería a quienes vestían uniforme, y más todavía, a los que habían sido desairados por Sarah. Parece que le daban lástima y solía intentar —casi siempre sin éxito— que la invitaran a salir. Así fue que lavó la ropa de William van Straubenzee, un antiguo ex novio de Sarah, y planchó las camisas de Rory, quien acababa de protagonizar un documental para la televisión sobre la vida militar. Diana solía quedarse en la estancia de los padres de Rory en Petworth, en West Sussex. Durante su noviazgo con el príncipe Carlos siguió planchando la ropa de Rory. Una vez tuvo que entregarle una pila de camisas en el Palacio de St. James, donde Rory estaba de guardia, y tuvo que hacerlo por la puerta trasera para burlar a los periodistas. James Boughey era otro de los jóvenes militares que la invitaba a ir a restaurantes y al teatro. Diana también solía visitar a Simon Berry y a Adamn Russell en su casa alquilada de Blenheim durante sus primeros años de estudios en Oxford. Tenía muchos amigos y algunos de ellos la pretendieron, pero ninguno fue su amante.

Las novias del príncipe Carlos

Lady Di apareció en la vida del entonces soltero más codiciado del mundo durante el romance que mantuvo éste con su hermana Sarah, el cual duró nueve meses. El encuentro histórico sucedido en noviembre de 1977, y no tuvo nada de auspicioso. Fue un fin de semana en el que Diana no permaneció en su colegio de West Heath. Le presentaron al príncipe en un campo de cultivo cercano a Nobottle Wood, mientras se llevaba a cabo una cacería en la propiedad de Althorp. El príncipe había llevado a su fiel perro labrador Sandringham Harvey y parece que ese día estaba más interesado en la cacería que en conversar con su compañera de caza. Diana vestía una camisa a cuadros, una chaqueta de su hermana, pantalones de corduroy y botas para la lluvia.

En ese entonces Sarah consideraba a Carlos de su exclusiva propiedad. De todos modos el pretendiente de su hermana mayor no logró impresionar mucho a Diana, quien confesó más tarde que le pareció "un hombre triste". Ese fin de semana los Spencer ofrecieron un baile en su honor y fue evidente que Sarah se dedicó a atenderlo y a acapararlo. Por su parte Diana comentó a sus amigos: "Me mantuve a distancia. Estaba algo gorda y no llevaba nada de maquillaje; para nada elegante. Pero hice mucho alboroto y parece que eso le gustó". Al terminar la cena, el príncipe le pidió a Diana que le mostrara la galería de pinturas de más de treinta metros de largo: una de las más valiosas colecciones privadas de arte en Europa; pero Sarah insistió en ser ella la guía por lo que Diana los dejó solos.

Ese día Diana se sorprendió por las atenciones de Carlos hacia ella. Después de todo, era el novio de su hermana. Carlos y Sarah se habían conocido en Ascot en junio de 1977, precisamente cuando la joven cicatrizaba las heridas de su ruptura con el duque de Westminster. Ella padecía anorexia nerviosa desencadenada, según dijeron algunos, por aquel fracaso amoroso, y su familia se encontraba muy angustiada por su salud. Mientras luchaba contra su enfermedad, Sarah veía al príncipe Carlos con frecuencia. En el verano de 1977 fue a verlo jugar al polo en el Smith's Lawn de Windsor. Cuando en febrero de 1978 él la invitó a esquiar a Klosters, Suiza, con un grupo de amigos, circuló el rumor de que ella se convertiría en la futura Reina de Inglaterra. Mas la joven olvidó la discreción que se espera de una novia real y en una entrevista que concedió para una revista presentó al príncipe Carlos como un encantador Casanova. "Nuestra relación es platónica — declaró—. Es el hermano mayor que nunca tuve". Además, agregó: "Jamás me casaría con un hombre al que no amara, así fuera un barrendero o el mismísimo rey de Inglaterra. Si me lo pidiera, lo rechazaría" —concluyó.

A pesar de que la relación había terminado, Carlos envió una invitación a Sarah para la fiesta de su trigésimo cumpleaños que se celebraría en el Palacio de Buckingham, en noviembre de 1978. Para sorpresa de Sarah, Diana también estaba invitada. La princesa misma relataría que se divirtió mucho en la fiesta pero que en ese entonces nunca se le hubiera ocurrido que el príncipe Carlos se hubiera interesado en ella pues de todos modos él había invitado a Susan George como pareja.

El príncipe de Gales tenía muchas candidatas a ocupar el puesto de princesa. Viajó a King's Lynn y luego a Sandringham con lady Amanda Knatchbull, cuyo abuelo, el conde Mountbatten, había sido asesinado ese año por miembros del grupo terrorista de la IRA. Lord Mountbatten había presionado con tenacidad a la Familia Real y al príncipe para que éste cortejara a su nieta. Después de todo había sido en parte, gracias a él, que a pesar de las reservas de Jorge VI, se había podido celebrar la boda entre la princesa Elizabeth y su sobrino el príncipe Felipe.

Aun cuando los observadores ingleses la desestimaban como candidata, los más allegados al príncipe, que advirtieron las maquinaciones de Mountbatten, estaban convencidos de que el enlace entre el príncipe Carlos y Amanda Knatchbull era casi un hecho. En 1979 Carlos había visitado varias veces Broadlands, lugar de residencia de la familia Mountbatten, para pasar ahí temporadas de pesca o caza. Amanda lo acompañaba con frecuencia y, según los allegados al círculo del príncipe, la relación no prosperó cuando se supo de la amistad que ella tenía con un diplomático. Después vino lo del asesinato del conde, y la amistad entre el príncipe y Amanda se fortaleció. Pasaron varios fines de semana juntos y dicen que otra hubiera sido la historia real si el conde hubiera vivido y si no hubiera salido a la luz la relación de Amanda con el diplomático.

No obstante, Amanda Knatchbull era considerada la "candidata oficial". Su estirpe la hacía merecedora del trono, pero el príncipe empezaba otra tormentosa relación, ahora con Anna Wallace, hija de un terrateniente escocés a quien había conocido durante una cacería en noviembre de 1979. Esta mujer era la última de una larga lista de novias, la mayoría proveniente de las familias más acaudaladas de la aristocracia europea. Anna tenía un carácter irritable y era obstinada e impulsiva, por lo que fue descartada por carecer del temperamento necesario para el rigor que impone la realeza. La llamaban "lady látigo", pero de todas maneras el príncipe Carlos quiso imponerla como su candidata a pesar de que sus consejeros le advirtieron que salía con otros hombres.

La relación llegó a ser tan seria que, según una fuente, él le pidió que se casaran. Se dice que ella lo rechazó, pero aún así no logró sofocar la pasión que Carlos sentía por ella, y siguieron saliendo juntos una temporada. A mediados de junio, el romance llegó a su fin de la misma forma tempestuosa como se había iniciado. Anna se enfureció cuando el príncipe prácticamente la ignoró durante un baile que se ofreció con motivo del octogésimo cumpleaños de la Reina Madre en el Castillo de Windsor y la volvió a ignorar en la siguiente reunión en público. Ese día Carlos bailó toda la noche con Camilia Parker-Bowles en una fiesta de polistas que tuvo lugar en Stowell Park, propiedad de lord Vestey en Gloucestershire. Cuentan que Carlos estaba tan entusiasmado con Camilla que olvidó bailar con la anfitriona, lady Vestey, a quien Anne pidió prestado su auto BMW para huir, furiosa, de la fiesta.

Pasado el tiempo se cuestionó si Anna, una joven de veinticinco años que distaba de ser ingenua, sabía el tipo de amistad que mantenía el príncipe con Camilla; y si Carlos deseaba casarse con ella, había descubierto, como lo hizo Diana muy tarde, que Camilla no sólo investigaba a las novias de Carlos para averiguar si reunían las condiciones necesarias para ingresar en la realeza, sino también para saber hasta qué punto representaban una amenaza a su amistad con el príncipe. Es posible que Anna se haya cansado de ocupar un lugar secundario en la vida del príncipe. Las parejas de Carlos, durante su soltería —y su matrimonio también— siempre se adecuaron a su estilo de vida. Se convertían en espectadoras cuando el jugaba polo, iba de pesca o de caza, y dicen los enterados que cuando las invitaba a cenar, eran ellas las que iban hasta su departamento en el Palacio de Buckingham. Sus asistentes se encargaban de reservarle las entradas para los conciertos o para la ópera, y hasta de enviarles espectaculares arreglos florales a sus amigas. Su conducta, como lo expuso el constitucionalista victoriano Walter Bagehot cien años atrás, era prerrogativa de príncipes. "Al príncipe de Gales siempre se le ha ofrecido el mundo por entero y su gloria de la forma más atractiva y más seductora, y así seguirá siendo. No resulta racional esperar la mejor de las virtudes de quien se ve tentado en extremo en el momento más débil de la historia".

Durante el verano de 1980, el príncipe Carlos era inflexible con su rutina. Dice un ex miembro del personal del palacio —testigo del deterioro de la pareja real—, que Carlos habría optado por permanecer soltero si no hubiera estado obligado a casarse: "Es muy triste —comentó—. Jamás se hubiera casado porque amaba su vida de soltero. Todo lo que deseaba era tener listo su equipo de pesca, sus caballos de polo con la montura puesta y cinco libras para colaborar con la Iglesia. La pasaba muy bien. Uno lo despertaba a las seis de la mañana y le decía: 'Señor, vamos a tal lugar', y allá íbamos". Su amistad con Camilla Parker-Bowles, quien solía acompañarlo gustosa, se ceñía perfectamente a su estilo de vida.

Camilla Parker-Bowles

De soltera se llamaba Camilla Shand, nació en Londres en 1947, y su nacimiento estuvo marcado por todos los detalles propios de la elegante sociedad inglesa, ya que su madre era la hija de Lord Ashcombre y su padre, un respetado militar. Los Shand, aunque no tenían títulos nobiliarios, eran lo más cercano posible a la aristocracia. Camilla creció como su clase social dictaba, en un elegante internado de niñas aristócratas, donde todas las alumnas simpatizaban con ella. Sabía montar a caballo, nadaba, le gustaba ir de cacería... y dicen que tenía tal confianza en sí misma, que aun sabiendo que no era muy atractiva, no le importaban la moda ni los cuidados de belleza, y así fascinaba a los chicos y todos la encontraban irresistible. Para ella el sexo no era un tabú, sino algo natural y sus amigos la describían como "una mujer muy *sexi*, aunque de una manera auténtica y exuberante". En cuanto a su personalidad, se ha distinguido por ser "muy divertida, simpática e ingeniosa en su conversación".

Muchos dicen que Andrew Parker-Bowles fue el primer gran amor de su vida. Los dos vivieron un apasionado romance durante tres años pero debido a una infidelidad de él, terminaron su relación. A partir de entonces Camilla se propuso hacerle pagar a Andrew su falta y lo logró al poco tiempo, al volver loco nada menos que al príncipe de Gales. Algunos consideran que la historia de Inglaterra cambió un día de 1970, cuando el príncipe Carlos conoció a Camila Shand. Ese día llovía torrencialmente y cuando la joven vio al príncipe refugiarse en un establo junto a sus caballos, se dirigió allí. Tenía veintitrés años de edad, vestía pantalones de corduroy, una chaqueta impermeable y calzaba botas. Al acercarse a él le comentó con desenfado: "Éste es un bellísimo caballo, Sir. Yo me llamo Camilla Shand y estoy encantada de conocerle".

La manera directa de hablarle, sin excesivo respeto, ni el menor temor, encantó a Carlos desde el primer momento, ya que su vida había sido manejada por un rígido protocolo y apenas conocía a personas que lo trataran con afecto y naturalidad. Dicen que ese día Camilla le contó a Carlos la historia de su bisabuela materna, la célebre Alice

Keppel, quien fue amante por muchos años, hacía un siglo, del rey Eduardo VII de Inglaterra (tatarabuelo del príncipe). "Mi bisabuela era Alice Keppel —le dijo—, amante de su tatarabuelo. ¿Qué me dice de eso? ¿Qué podemos hacer nosotros?" Carlos rió a carcajadas.

Parece que Camilla fue como un soplo de aire fresco para el príncipe, quien había tenido una niñez carente de afectos, con un padre excesivamente rígido y una madre poco cariñosa. A partir de ese momento, la pareja se dejó ver en fiestas y reuniones, y siendo ambos solteros, con muchas aficiones e intereses en común, se convirtieron pronto en amigos inseparables y después... ¡en amantes!

Carlos no se ocultaba para demostrar que se había enamorado de Camila, a quien consideraba "una mujer extraordinaria y la mejor amiga que he tenido en mi vida". Pero al parecer, Camilla seguía enamorada de Andrew Parker-Bowles, quien se sintió intrigado de que su ex novia hubiera atrapado al príncipe, y cuando éste fue a cumplir su compromiso con la Marina inglesa en Darmouth, volvió a buscar a Camilla. Así comenzó una etapa en la que Camilla salía con Andrew durante la semana y los fines de semana los pasaba con Carlos.

Carlos no quería perder a Camilla y le propuso matrimonio, pero ella no aceptó, ya que no le interesaba perder su libertad y ser Reina de Inglaterra. Carlos pidió consejo a su tío lord Mountbatte, quien apoyó la decisión de Camilla señalándole que él "como futuro rey, debía casarse con una muchacha inocente, virgen, y debía entender su responsabilidad y olvidarse de ella". El príncipe aceptó su realidad y se marchó en febrero de 1973 a cumplir, durante varios meses, un servicio a la Marina como comandante del barco *SS Minerva*. Camilla y Andrew se casaron y su boda fue considerada una de las más elegantes de Londres.

Al principio Carlos se deprimió, pero después se decidió a rescatar la amistad de Camilla y comenzó a frecuentar el hogar de los Parker-Bowles, al grado que aceptó ser el padrino de Thomas Henry Charles, el primer hijo de la pareja. En 1979, cuando el grupo terrorista de la IRA irlandesa asesinó a lord Mountbatten, Carlos, impresionado se refugió en el afecto de Camilla, quien lo supo consolar. Él le pidió que se divorciara y se casaran. Ella se negó y le hizo ver que el escándalo sería terrible para la monarquía. Decepcionado, Carlos comenzó a tener una variedad de *affairs* con un sinnúmero de mujeres —Amanda Knatchbull, Anna Wallace, Susan George y Sarah Spencer, entre otras—; pero cuando Andrew fue enviado unos meses a Rodesia, y Camilla se quedó sola en Londres, Carlos corrió a su lado y comenzaron a intimar de nuevo. Andrew en Rodesia estaba teniendo su propia aventura con la hija de su jefe, y Camilla se sentía burlada y humillada de nuevo por su infiel marido.

Andrew y Camilla tenían un matrimonio 'abierto', en el que cada cual llevaba discretamente su propia vida. Él sabía de la relación de su mujer con Carlos y la aceptaba con disimulo. Fue precisamente en casa de los Parker-Bowles que una noche, mientras conversaban de la necesidad de Carlos de buscar una esposa, algo por lo que la Familia Real lo presionaba cada día más, Camilla le mencionó que quizá la joven Diana Spencer sería la perfecta candidata. Según Camilla, Diana era virgen y, al no tener experiencia, nunca le daría problemas. Lo que nunca imaginó Camila es que Diana se enamoraría de Carlos y se rebelaría al enterarse de la relación que unía al príncipe con ella.

La mejor candidata

En el mes de julio de 1980 tuvo lugar el encuentro que determinaría que el príncipe Carlos y lady Diana Spencer encaminaran sus pasos rumbo a la Catedral de St Pablo. Ocurrió en la casa de un amigo del príncipe Felipe, el capitán de fragata Robert de Pass y su esposa Phillippa, una de las damas de compañía de la Reina. Diana había sido invitada a la finca de los de Pass en Petworth, West Sussex, por su hijo Philip. "Tienes sangre joven, quizá le gustes" —le dijeron. Ese fin de semana fue en auto hasta Cowdray Park para ver al príncipe jugar al polo con su equipo, *Les Diables Bleus*. Tras una de las partidas, el reducido grupo de invitados regresó caminando a Cowdray Park para comer al aire libre. A la mitad del camino hicieron una parada de descaso, y Diana tomó asiento, estratégicamente, sobre una paca de heno junto al príncipe. Después de algunos comentarios sin importancia para romper el hielo, la conversación se desvió hacia el fallecimiento del conde Mountbatten y a su funeral en la abadía de Westminster. Diana comentó a sus amigos lo que ella le dijo al príncipe esa tarde: "Usted parecía tan triste en el funeral. Fue la escena más trágica que presencié en mi vida. Se me hizo pedazos el corazón. Pensé. 'No está bien, él está solo, necesita que alguien lo cuide' ".

Parece ser que aquellas palabras tocaron sus fibras más íntimas y Carlos empezó, de verdad, a interesarse en Diana. Según lo que la joven relató a sus amigos más tarde, el príncipe comenzó de pronto a llenarla de atenciones. Se sentía halagada, confundida, turbada ante los sentimientos que había despertado en un hombre doce años mayor que ella. La charla se extendió hasta muy tarde. El príncipe, que debía atender asuntos importantes en el Palacio de Buckingham, le pidió que se regresara con él a Londres en su auto, al día siguiente. Diana se negó debido a que sería una ofensa hacia sus anfitriones. Sin embargo, a partir de ese momento la relación comenzó a florecer. A los pocos días, Carlos invitó a Diana a la función del *Requiem* de Verdi, una de sus obras preferidas, que se presentaba en el *Royal Albert Hall*. Su abuela Ruth, lady Fermoy, hizo de chaperona y luego los acompañó a tomar un pequeño refrigerio a los apartamentos del príncipe en el Palacio de

Buckingham. Después la invitó al yate real *Britania* durante la semana de Cowes, fecha en la que el príncipe Felipe solía recibir a un grupo de invitados, que por lo general incluía parientes alemanes y a la princesa Alexandra, a su marido Sir Angus Ogilvy y a un grupo numeroso de entusiastas de la náutica.

Ese fin de semana también estuvieron invitadas la hija de la princesa Margarita, lady Sarah Armstrong-Jones y Susan Deptford, quien luego se convertiría en la segunda esposa del mayor Ronald Ferguson (padre de Fergie). Diana practicó esquí acuático mientras el príncipe hizo windsurf. Más adelante, llegaron las invitaciones informales a Balmoral, la residencia de verano de la Familia Real en las Highland escocesas. Se trata de un castillo de dudoso gusto adquirido por la reina Victoria en el año de 1848 y enclavado en unos terrenos de más de dieciséis mil hectáreas. Tuvo la suerte de no hospedarse en el ala principal. Se quedó con los Fellowes, su hermana Jane y su cuñado Robert quien, en calidad de secretario de la Reina, tenía asignado uno de los bungalows dentro de la inmensa propiedad. A comienzos de septiembre, sin embargo, llegó la invitación más importante. El príncipe quería que lady Di pasara unos días en un ambiente íntimo con los Windsor en la residencia estival. Se dice entre quienes frecuentan los círculos reales que, una invitación al famoso castillo es la máxima aspiración, pero también la mayor de las pruebas. Se le conoce como el "test de Balmoral". Según comentaría después Diana Spencer a sus compañeras de convivencia, la visita entraña notables riesgos para el neófito que puede incurrir fácilmente en errores graves, como sentarse en la silla que ocupó por última vez la reina Victoria. "No se siente allí" —gritan a coro los integrantes de la Familia Real, hiriendo el orgullo del huésped que obviamente se siente muy incómodo. Por fortuna no fue el caso de Diana, quien causó una excelente impresión incluso en el selecto círculo de amistades de Carlos.

El testimonio de Patty Palmer-Tomkinson, quien junto con su esposo Charlie eran amigos muy cercanos de Carlos, comentaría que Diana era sencillamente encantadora. "Estuvimos haciendo un reconocimiento del lugar juntas —relató al respecto—, terminamos sofocadas, cansadas; ella se cayó en un seto, se manchó de lodo y le dio un ataque de risa; se le llenó la cara de barro y tenía el pelo empapado y pegado al rostro porque no paraba de llover... Era de ese tipo de chicas inglesas encantadoras, escolares todavía, que de todo hacía broma, con una naturalidad juvenil y, al mismo tiempo, claramente interesada y con mucho entusiasmo por él: creo que le gustaba mucho".

Ese fin de semana, Carlos de Inglaterra comprobó "el pegue" de Diana cuando vio que sus dos hermanos, también solteros, Andrés y Eduardo —viejos conocidos de la infancia—, se disputaban un sitio junto a la rubia invitada. Dicen sus íntimos que Carlos se sintió orgulloso de su compañera, sin poder imaginar que la atracción que ejercería Diana sobre los otros, en especial sobre sus súbditos, habría de convertirse en un dolor de cabeza para él. Pero aquel verano en Balmoral, aun sin confesarse enamorado de Diana Spencer, Carlos de Inglaterra se sintió muy complacido de haberla conquistado. Los testigos del proceso aseguran que nunca hubo un verdadero cortejo. El príncipe jamás le envió flores ni tuvo un gesto personal hacia ella, y las invitaciones siempre eran trasmitidas a través de sus secretarios John MacLean o Pablo Officer o, incluso, de su valet, el fiel Stephen Barry, quien tiempo después moriría de SIDA.

Carlos nunca visitó a Diana en su domicilio de soltera. En alguna ocasión le llegó a comentar a su futura esposa que "no iba a recogerla a casa porque no podía soportar la idea de encontrarse a sus tontas compañeras de piso". Ahora se sabe que el príncipe —porque lo reconocería públicamente años después—, nunca amó a Diana. Se unía a ella por razones de Estado y presionado por la necesidad de fabricar un heredero. Él era feliz en su situación de soltero, con su pequeño círculo de amistades y Camilla Parker-Bowles al alcance de la mano, siempre dispuesta a complacerle. "Mi señor es feliz solo, de no ser por las obligaciones de la Corona nunca se casaría" —comentó Barry, su *vallet*.

En cuanto a Diana, sí se enamoró realmente de Carlos. "Si me pidiera que me tirara por una ventana, lo haría... Lo amo mucho" —le confesó a su amigo el magnate petrolero Armand Hammer. Pero es evidente que pese a la ceguera del amor y de la ambición de convertirse un día en Reina de Inglaterra, nunca dejó de encontrar al príncipe Carlos exageradamente pomposo y demasiado mayor para ella.

Pero Isabel II y su marido el príncipe Felipe de Edimburgo encontraron perfecta a la aspirante. Examinaron sus datos personales y todo parecía encajar con precisión. Diana Spencer era una aristócrata nacida en el seno de una familia con más linaje que ellos o, por lo menos, con unas raíces británicas mucho más claras. Su cuna impecable fue, junto a su ausencia de pasado, una de las razones esenciales para elegirla como esposa del heredero del trono británico. Además, la familia Spencer era una vieja conocida de la Familia Real, en cuyas tierras en torno a Sandringham House, su residencia de invierno, había transcurrido la infancia de Diana.

Adiós vida privada

Fue en el verano de 1980 cuando se inicia la relación de lady Di con la prensa. Nace con los primeros contactos entre ella y el príncipe Carlos, en los días que pasó con la Familia Real en el castillo de Balmoral. Un día en que Diana y Carlos paseaban por la orilla del río Deen, ella advirtió la presencia de tres personas en la ribera del lado opuesto, escondidos entre los árboles. Eran un periodista y dos fotógrafos —James Whitaker, Ken Lennox y Arthur

Edwards— que trabajaban para la prensa *tabloide* inglesa. Apenas le dio tiempo para esconderse detrás de un árbol mientras Carlos se dedicaba, disimuladamente, a la pesca. Envuelto el rostro en una bufanda, Diana corrió rumbo al castillo. Ese día los *paparazzi* no lograron identificar a la acompañante del príncipe heredero. El instinto depredador de Whitaker le llevaría a consolidarse como uno de los reporteros '*dianeros*' (término utilizado por el escritor Jimmy Burns) más audaces y manipuladores.

A partir de esa tarde de septiembre en el campo escocés, la vida privada de Diana jamás volvería a recuperar su inocencia. Los periodistas la esperaban a la salida de su departamento día y noche. Los fotógrafos la acosaban en el jardín de niños Young England. Una vez aceptó posar para ellos con la condición de que se acabaran las persecuciones, pero con tan mala suerte que en la sesión de fotos una luz que la enfocaba de espaldas hizo que se trasluciera su falda de algodón. Así fue como sus piernas recorrieron el mundo entero. Se dice que el príncipe Carlos comentó: "Sabía que tenías lindas

Diana y el príncipe Carlos en el castillo de Balmoral, dos meses antes de la boda.

piernas, pero jamás pensé que fueran tan espectaculares. ¿Pero tenías que mostrárselas a todo el mundo?"

El príncipe Carlos se podía dar el lujo de reírse del incidente, pero Diana descubrió que era muy alto el precio que debía pagar por tener un romance con un miembro de la realeza. Aunque la llamaban de los periódicos en la madrugada para hacerle preguntas, Diana no se atrevió a desconectar el teléfono que compartía con sus compañeras, por miedo a que ellas no pudieran recibir alguna llamada de urgencia. Cada vez que salía en su automóvil Metro de color rojo, la seguía un ejército de periodistas. De todos modos ella no perdía el control y respondía con evasivas acerca de sus sentimientos hacia el público. Su sonrisa, sus modales agradables y su comportamiento impecable hicieron que pronto la gente se enamorara de ella. Carolyn Bartholomew, una de las amigas con las que compartía el piso de soltera durante aquellos meses, comentó al respecto: "Se comportó como debía. No dio la noticia a los periódicos porque precisamente eso había echado por la borda las oportunidades de su hermana (Sarah). Diana era consciente de que algo especial estaba a punto de concretarse en su vida, y quería cultivar ese sentimiento sin ninguna presión de la prensa".

Hasta entonces nada en su vida la había preparado para este asalto. Diana empezó a sentir el conflicto que llegaría a dominar sus relaciones con los medios de comunicación a lo largo de su vida como princesa. No tenía ninguna duda de que quería casarse con Carlos, ni de que el sentido del deber público era no decir ni hacer cosa alguna que pudiese herir a la institución real. Su deber era seguir sonriendo, mantener el silencio y, sobre todo, no cometer ningún acto agresivo contra la prensa que parecía haber redescubierto una amistad hacia la Familia Real. Al mismo tiempo, Diana sentía que una parte fundamental de su identidad, su supervivencia como persona, se encontraba sitiada por unas fuerzas que estaban fuera de su control.

La persecución de Diana fue intensificándose en los últimos meses de 1980 mientras el noviazgo con Carlos se iba consolidando. Su vida cotidiana se convirtió en tema de observación periodística y debió recurrir a su más férrea fuerza de voluntad y a su instintiva determinación para sobrevivir. El príncipe Carlos jamás le ofreció ayuda y, cuando llamó desesperada a la oficina de prensa del Palacio de Buckingham, le respondieron que debía arreglárselas sola. Lo peor era que Carlos se mostraba más preocupado por las angustias de Camilla Parker-Bowles que por las de Diana.

A medida que el romance prosperaba, Diana comenzó a tener ciertas reservas acerca de su nueva amiga Camilla Parker-Bowles, quien mostraba estar enterada de las pláticas privadas entre ella y Carlos. Quizá en esos meses de noviazgo la joven Diana intuyó algo anormal en las relaciones entre su futuro marido y los Parker-Bowles. Carlos y Diana jamás habían estado completamente solos. En su primera visita a Balmoral, la vez que se hospedó con su hermana Jane, Andrew y Camilla se habían destacado entre los invitados. Cuando Carlos la invitaba a cenar al Palacio de Buckinham, siempre estaban presentes los Parker-Bowles o sus compañeros de esquí, Charles y Patti Palmer-Tomking.

En el otoño de 1980, cuando Diana fue a Ludlow a ver correr al caballo Allibar del príncipe Carlos en una carrera amateur en el Club Handicap, pasaron el fin de semana con los Parker-Bowles en la mansión Bolehyde en Wiltshire. A la mañana siguiente, Carlos y Andrew salieron de caza, mientras Camilla y Diana pasaron juntas la mañana. El siguiente fin de semana los cuatro volvieron a la mansión Bolehyde. El príncipe Carlos le había mostrado a Diana la mansión Highgrove, ubicada en un predio de casi ciento cincuenta hectáreas, en Gloucestershire, pidiéndole que se hiciera cargo de la decoración de los ocho dormitorios. Esto le pareció a Diana "de lo más impropio, ya que ni siquiera estaban comprometidos".

Días después, el periódico *Sunday Mirror* publicó en primera plana una nota informando que, el 5 de noviembre, Diana se había encontrado en secreto con el príncipe Carlos a bordo del tren privado de la Reina, en una desviación de Holt, en Wiltshire. La historia había sido fabricada sobre un rumor sin fundamento. La realidad, según Diana, era que después de una fiesta en el Hotel Ritz, con motivo del cumpleaños número cincuenta de la princesa Margarita, a la cual Carlos la había invitado, se había sentido muy cansada y había vuelto sola a su piso, pensando sólo en dormir. Esto fue lo que le dijo a su vecino el periodista Whitaker, quien fue a verla a su apartamento.

Diana se mostró dolida con la aparición de tal noticia, manifestando que su vida se había convertido en una telenovela barata. Mientras tanto, Michael Shea, el jefe de prensa de la oficina de la Reina, se puso en contacto con el director del *Sunday Mirror*, Bob Edwards, para pedir una retractación. Edwards se negó. Whitaker siguió investigando por su parte. Años más tarde, en 1993, apareció un libro de Whitaker con el título de *Diana versus Charles*, en donde expuso los resultados de sus pesquisas: "En esa época, lo único que Diana quería era ser princesa de Gales y, naturalmente, temía que la historia del tren pudiera dañar su suerte. Por supuesto, Carlos conocía la verdad de lo que había pasado, pero Diana sabía que su juez era la opinión pública y no él. Lo que el gran público inglés quería más que nada era que la futura reina de Inglaterra fuese virgen al casarse".

Cuando se publicó la noticia del tren, Carlos no se encontraba en el país sino en la India en viaje oficial. Desde allí criticó el "sensacionalismo" de la prensa británica. En un discurso ante mil miembros del Instituto Indio de Tecnología, dijo: "La honestidad y la integridad son factores vitales en el periodismo, factores que muchas veces se pierden en la estampida hacia el sensacionalismo". La verdad, tal como la contó Whitaker en su libro, es que la misteriosa mujer vista esa noche escabulléndose en el tren con Carlos era una señora llamada Camilla Parker-Bowles, un nombre que ningún periódico en esa época se atrevía a asociar públicamente con Carlos. Sólo *Private Eye*, una revista satírica inglesa, había publicado una pequeña nota sobre ella, refiriéndose a una mujer casada que había salido con el príncipe. Nadie le dio mayor importancia. El escándalo de Camilla aún estaba por venir.

Un mes más tarde, *The Times* publicó una carta de la madre de Diana, Frances Shand-Kydd, quejándose abiertamente de la manera en que la prensa perseguía a su hija menor. "Quisiera preguntar a los directores de *Flete Street* si consideran justo y necesario acosar día y noche a mi hija. ¿Es justo, acaso, que se trate de esta manera a un ser humano sin tener en cuenta las circunstancias?". A pesar de que la carta llevó a que sesenta miembros del Parlamento propusieran la moción de que se "condenara el trato de que era objeto lady Diana Spencer por parte de los medios de comunicación" y que esto provocara una reunión entre los editores y el Consejo de Prensa, el asedio a Coleherne Court (el domicilio de Diana) no cesó.

Sandringham, la fortaleza de invierno de la Familia Real, también estaba rodeada por periodistas. La casa Spencer mostró más compostura que la casa Windsor con su protección policial, secretarios de prensa e interminables hectáreas de tierra. Dicen que la mismísima Reina le gritaba a la multitud de periodistas que se fueran y el príncipe Carlos agregaba: "¡Feliz Año Nuevo, en especial para sus malditos editores!", y que hasta el príncipe Eduardo disparó sobre la cabeza de un fotógrafo del *Daily Mirrow*.

Una vez más Carolyn Bartholomew, relata lo que Diana tuvo que hacer para poderse librar del acoso de los periodistas:

"*Cierto día, cuando Diana había sido invitada a Broadlands con el príncipe, anudó las sábanas de su cama y las usó para poder bajar su valija por el lado de la cocina y así evitar el asedio de los caza-noticias que estaban en la parte del frente del apartamento. En otra ocasión, saltó sobre los botes de la basura y escapó por la salida de emergencia de un negocio de Knightsbridge. Y otra vez, juntas, abandonamos el auto y saltamos a un autobús que no podía avanzar debido al tráfico, así que nos bajamos y corrimos hasta llegar a la zapatería* Russell and Bromley *que se encontraba en las cercanías. Esa vez sí que nos divertimos. Parecíamos la presa de una cacería, pero en el centro de Londres".*

También planearon un sistema para despistar al enemigo: Carolyn salía en el auto de Diana para engatusar a los periodistas y al cabo de un rato Diana salía caminando de Coleherne en dirección contraria. Hasta la abuela, lady Fermoy, se unió al equipo. Después de festejar la Navidad de 1980 en Althorp, Diana regresó a Londres a pasar el Año Nuevo con sus amigas en el departamento. Al día siguiente fue en un auto hasta Sandringham, pero antes dejó su famoso auto en el Palacio de Kensington donde la esperaba un VW Golf plateado, el auto de su abuela. Así logró despistar a los periodistas y viajar tranquila.

La gente se encariñó con Diana sin conocerla. Admiraba su imagen, su *glamour* y su calidad humana. Reiría y lloraría con ella al verla en las fotos y al leer las notas en periódicos y revistas. La prensa utilizó a Diana y alimentó la curiosidad de la gente, pero también fue difamada por ella. Lo cierto es que, cuando la necesitó, Diana se valió de la prensa.

La boda del siglo

Casi cinco meses duró, primero, la etapa del cortejo y después, el noviazgo informal de Carlos y Diana. Durante toda su extraña relación, "ella era como un perrito faldero que estaba a los pies del príncipe cada vez que él chasqueaba los dedos". Algo muy normal para Carlos. En virtud de que era el Príncipe de Gales, estaba acostumbrado a ser el centro de atención y el merecedor de halagos y cumplidos. Él la llamaba 'Diana' y ella le decía 'Señor'.

Las amigas de Diana decían que él despertaba en ella instintos maternales. Cada vez que la joven regresaba de una cita con el príncipe, siempre tenía palabras de compasión para él. "Lo hacen trabajar demasiado" o "es increíble que lo lleven de aquí para allá de esa manera" —les confiaba. En su opinión él era un hombre triste y solitario que necesitaba protección, y lo cierto es que ella estaba perdidamente enamorada. Sin embargo, la asaltaban las dudas. Lady Fermoy, su abuela, y también dama de compañía de la Reina Madre, fue quien le hizo las primeras advertencias. Lejos de ser una de las que promovieron el enlace, su abuela la puso sobre aviso de las dificultades que conlleva casarse con un miembro de la Familia Real. "Debes comprender que su sentido del humor y su estilo de vida son muy distintos a los nuestros. No creo que puedas acostumbrarte" —le dijo.

Además, lady Di tenía otras preocupaciones. Carlos estaba rodeado de un cerrado círculo de amigos muy serviles, la mayoría de su edad, que vivían adulándolo y complaciéndolo. Diana no se sentía a gusto con esa clase de compañía y pensaba que no eran sinceros con Carlos, sin olvidar a la omnipresente señora Parker-Bowles que parecía estar al tanto de todo lo que pasaba, aun antes de que ocurriese. Durante este periodo, Diana quiso averiguar sobre sus novias anteriores. Él le contó, haciéndose el inocente, que eran mujeres casadas porque con ellas estaba "a salvo"; tenían un marido en quien pensar. Como Carlos le prodigaba muchas atenciones, Diana creyó que en verdad la amaba, aunque al mismo tiempo no podía estar segura dado que, en doce meses, había tenido tres romances: Anna Wallace, Amanda Knatchbull y ella, cualquiera de los cuales podría haber terminado en casamiento.

Esas dudas desaparecieron después de una llamada que recibió del príncipe desde el chalet de sus amigos Charles y Patti Paler-Tomkinson, con quienes estaba disfrutando de unas vacaciones en Klosters, el famoso centro de esquí de Suiza. Carlos le dijo que a su regreso tenía algo importante que decirle. Así, pues, cuando regresó a Inglaterra el 3 de febrero (1981), bronceado y en buen estado físico, el jueves 5 se dirigió al *HMS Invincible*, el famoso portaviones de la Marina Real para realizar algunas maniobras y de allí a Londres a pasar la noche en el Palacio de Buckingham. Tenía una cita con lady Diana Spencer al día siguiente, viernes 6 de febrero, en el Castillo de Windsor para pedirle, de manera seria, escueta, casi oficial — según la versión de Carlos — que fuera su esposa.

Después se supo que Carlos eligió el invernadero del castillo para proponerle matrimonio. Le confesó que la había extrañado mucho durante su estancia en Suiza, y sin más, le pidió que se casaran. En un principio Diana lo tomó a broma y se echó a reír. El príncipe le dijo que hablaba en serio, destacando la importancia de su propuesta y recordándole que algún día sería Reina. Ella, muy emocionada, aceptó. La princesa hará constar más tarde que, en ese mismo momento, sintió en su corazón negros presagios de infelicidad (Diana ya había tenido premoniciones otras veces), pero que, pese a todo, se decidió a aceptar la esperada propuesta de matrimonio, "por el sentido del deber y el profundo deseo de hacer algo útil en la vida". El príncipe, por su parte, no era lo que se dice un enamorado apasionado. En su autobiografía, publicada en 1994, aclararía el porqué. Había sido su padre quien, a la vista de la edad del heredero del trono, que en noviembre de ese año había cumplido los treinta y dos años, le empujó prácticamente al matrimonio. "Una intervención del duque de Edimburgo tuvo un poderoso, si no decisivo, impacto. El duque advirtió a su hijo que no podía seguir posponiendo una decisión por mucho más tiempo, ya que hacerlo podría causar un daño permanente a la reputación de Diana Spencer, que ya estaba en peligro de verse comprometida por su presencia junto a él en Balmoral. Al príncipe no le quedaron dudas de que, a juicio de su padre, sólo tenía dos opciones honorables: o bien pedirla en matrimonio complaciendo con ello a la Familia Real y a su país... o terminar esas relaciones de inmediato. Aparentemente la reina Isabel estaba —como siempre— de acuerdo con su esposo.

La noche del compromiso matrimonial, Diana regresó a su departamento y dio la noticia a sus amigas. Al día siguiente, les contó la novedad a sus padres. Como es de suponer ambos estaban encantados. En cambio, cuando su hermano Charles se enteró de sus planes de casamiento, preguntó de forma burlona: "¿Y quién es ese pretendiente?". Después Charles recordaría: "Cuando llegué, se le veía dichosa, resplandecía de alegría. Se encontraba en un estado de éxtasis". Y agregó: "Con el bautismo de fuego que había recibido de la prensa, sabía que podía asumir su nuevo papel. Nunca la había visto tan feliz. Era una alegría genuina, porque nadie puede fingir esa clase de emoción. No era la alegría de aquel que gana un premio, sino de quien se siente espiritualmente realizado".

Sarah, su hermana, admitió haber sentido algo de envidia en ese entonces. Necesitó tiempo para adecuarse a su nuevo papel de hermana de la futura princesa de Gales. Jane lo tomó de una manera más normal porque aún cuando compartía la alegría de su hermana, en su carácter de esposa del secretario privado de la Reina, no podía evitar preocuparse de cómo se adaptaría Diana a la vida en palacio.

Dos días después, Diana se toma un descanso, el último como ciudadana común y corriente. Su madre y su padrastro la llevaron a Australia a una hacienda ganadera que éste tenía en Yass, Nueva Gales del Sur. Ahí se hospedaron en casa de unos amigos, frente a la playa y disfrutaron diez días en total soledad y paz.

Tras su regreso a Londres, Diana y su madre se dedican a organizar los preparativos de la boda y el ajuar, mientras los medios de comunicación intentan en vano descubrir dónde se oculta la novia. Están en Buckingham y el único que lo sabe es el príncipe de Gales, sin embargo, él nunca la busca, por lo que ella se decide a marcar su teléfono privado, pero él no se encuentra en sus habitaciones del palacio. Un rato después, la llama e incluso le envía un ramo de flores. Estas conductas se repitieron varias veces en el breve noviazgo y después, con más frecuencia, el primer año de matrimonio, y luego, siempre. En un principio, Diana echaba la culpa a las obligaciones inexorables de la investidura real, después el mundo supo que tales obligaciones tenían un nombre: Camilla Parker-Bowles.

La noche anterior al anuncio del compromiso, Diana hizo su maleta, abrazó a sus fieles amigas y dejó Coleherne Court para siempre. La acompañó un guardaespaldas de Scotland Yard, el jefe de inspectores Paul Officer, un policía que se inclinaba por la vida espiritual y los conocimientos esotéricos. Cuando estaba por despedirse de su vida privada, Paul Officer le dijo: "Quiero que sepa que esta es la última noche de libertad de su vida, así que aprovéchela".

Lady Di se hospeda, primero, en la residencia de la Reina Madre, Clarence House; más tarde en las dependencias especialmente preparadas para ella en el palacio de Buckingham. Entonces sobrevienen los primeros ataques de bulimia nerviosa. Diana se siente, según confesaría más tarde a sus amigas, sola, confundida, abandonada. Su amiga Carolyn Bartholomew denunciaría años después cómo se encontraba la joven novia en esa etapa de su vida: "Desde el momento en que se mudó al palacio de Buckingham empezó a llorar. Adelgazó muchísimo. Sus amigas estábamos muy preocupadas por su situación. Diana no era feliz, se encontraba sometida a una presión muy fuerte. Todo era una pesadilla. Se sentía confundida, bombardeada con peticiones de todas partes. Siempre estaba pálida, casi gris".

Ella misma confesaría para sus memorias que su futuro esposo le hacía poco caso y la Familia Real no acostumbraba a hacer derroche en afecto y atenciones.

La primera noche que pasó en Clarence House la dejaron completamente sola. Ningún miembro de la familia, ni siquiera su futuro esposo, se acercó a darle la bienvenida. Un sirviente la condujo a sus habitaciones en el primer piso. Había sobre la cama una nota de Camilla Parker Bowles, escrita varios días antes del anuncio oficial del compromiso, para invitarla a almorzar. Durante el almuerzo —en ausencia del príncipe que se hallaba en Australia— Camilla había insistido en saber si Diana pensaba ir de caza cuando se mudara a Highgrove. Cuando ella respondió que no, se dio cuenta que Camilla respiraba aliviada. Tiempo después, Diana descubriría que Camilla utilizaba la pasión de Carlos por la caza para mantener latente su amistad con él.

En el Palacio de Buckingham, Diana descubrió que lo único que a la Familia Real le complace cambiar es la ropa. Dado que el año se divide en tres estaciones oficiales y casi siempre se cambian de ropa cuatro veces por día, era evidente que su único vestido largo, su blusa de seda y el par de zapatos de salir no eran suficientes. Durante su noviazgo, había asaltado con frecuencia el armario de sus amigas para lucir diferente y presentable. Su madre le ayudó a elegir el famoso traje azul de compromiso que compró en *Harrods*. Diana le pidió a Anna Harvey, encargada de modas de la revista *Vogue* y amiga de su hermana, que la asesorara en la elección de su guardarropa para ocasiones formales. Y con el tiempo se rodeó de un círculo de diseñadores, entre ellos, Catherine Walker, David Sassoon y Víctor Edelstein, en quienes confiaba hasta el final de su vida.

Para su vestido de novia, eligió a los jóvenes diseñadores David y Elizabeth Emanuel, porque le habían fascinado los modelos que había visto en una sesión de fotos en el estudio Lord Snowdon, en Kensington. Ellos fueron quienes diseñaron también el vestido que se puso para su primera aparición oficial: un baile de gala de beneficencia que se celebró en Londres. Su vestido causó sensación al igual que el que lució en la Catedral de San Pablo unos meses después. El vestido de seda negra dejaba los hombros y la espalda al descubierto y tenía un escote muy profundo. El atuendo no le agradó al príncipe Carlos, y lo criticó duramente, sin embargo, con ese vestido puesto conoció esa noche a la princesa Grace de Mónaco, a quien siempre había admirado de lejos. Cuando la princesa de Mónaco se acercó a ella advirtió su falta de seguridad y la condujo hasta el tocador. Ahí, Diana le confesó sus temores a la prensa, su soledad y su incertidumbre por el futuro que la aguardaba. "No te preocupes. Después va a ser mucho peor" —le dijo bromeando la princesa Grace.

El 24 de febrero de 1981 se anunció oficialmente el compromiso y se fijó la fecha de la boda. Carlos y Diana se presentaron sonrientes ante la prensa mundial y los reporteros les hicieron innumerables preguntas, mientras los fotógrafos les tomaron infinidad de fotografías.

A finales del mes de marzo, Carlos sale a una visita oficial a Australia y Nueva Zelandia, donde permanecerá cinco semanas, y deja a su prometida al cuidado de cuatro de sus colaboradores personales más cercanos. Diana casi no los conoce, pero se atreve a pedir información sobre la vida sentimental del príncipe y especialmente sobre Camilla Parker-Bowles. Antes de partir al aeropuerto, Carlos había contestado una llamada de Camilla frente a Diana. Aquella había hablado para despedir y desear buen viaje al príncipe. Esto había dejado mortificada a lady Di, que sola y triste en el inmenso Palacio de Buckingham, visitaba con frecuencia la cocina para conversar con el personal. Conducta altamente criticada por la rancia aristocracia inglesa cuando se hizo pública.

En esos días reanudó sus clases de danza con la señorita Snipp, quien hizo anotaciones en su diario reflejando fielmente el estado de ánimo de Diana, a medida que se acercaba el día de la boda y que por cierto era bastante tétrico. En las semanas que siguieron al anuncio del compromiso, había ido recuperando su seguridad y confianza en sí misma, y su sentido del humor solía asomar a la superficie. Diana veneraba al príncipe y por lo general acataba sus decisiones. Pero en vísperas de la boda, la futura princesa descubre un regalo, un brazalete grabado con las iniciales GF entrelazadas, destinado por el príncipe a la señora Parker-Bowles. Gracias a unos amigos suyos, Diana estaba al corriente de que las iniciales correspondían a los nombres secretos, *Gladis y Fred*, que usaban Camilla y Carlos en la intimidad, e indignada, pide explicaciones a quien va a ser su esposo. Él se las da a su estilo: "Se trata de un regalo de despedida" —le dice. A pesar de sus quejas, sus lágrimas y su enfado, Carlos se empeña en entregar el regalo. Camilla había acechado la relación desde el principio y se convertiría en una sombra amenazante en su vida conyugal. Diana se dio cuenta de que la farsa era inconmensurable una semana antes de la boda, durante un ensayo en la Catedral de San Pablo, y con todo se casó. El lunes anterior al casamiento, estuvo a punto de echar por la borda todos los preparativos. Al mediodía se enteró que Carlos había partido a entregarle el obsequio a Camilla sin siquiera permitir que lo acompañara su guardaespaldas, el inspector John McLean. Diana piensa en suspender la boda, pero sus hermanas, que estaban al tanto de la situación, le hacen una sentencia: "Mala suerte, duquesa —le dijeron—, ya es tarde para arrepentirse. No hay una sola vidriera que no tenga tu cara. Ya es demasiado tarde para volverse atrás".

Años más tarde, el periodista Andrew Morton recogería testimonios para decir en su libro *Diana, su verdadera historia*, que la princesa se debatía entre lo que le dictaba su mente y su corazón, todavía, la noche del gran baile celebrado días antes de su boda. Fue una celebración memorable a la que asistieron ochocientos invitados entre amigos y familiares. Diana lucía un costosísimo collar de perlas y diamantes que encargó a una de sus amigas mientras bailaba feliz, en tanto que la Reina leía el programa y comentaba con sorpresa: "¡Va a haber música en vivo!" Después del baile se calmaron los ánimos de los protagonistas de esta célebre fiesta.

Diana pasó la víspera de la boda en Clarence House y su estado de ánimo mejoró cuando recibió un anillo grabado con las espigas del Príncipe de Gales y una nota afectuosa que decía: "Estoy muy orgulloso de ti y mañana, cuando llegues al altar, te estaré esperando. Mira a todos de frente y deslúmbralos". Esa noche Diana cenó con su hermana Jane y se atiborró de comida al grado de descomponerse. Es probable que hayan influido el estrés y el nerviosismo de la proximidad de la boda, pero también en esto se ve reflejada la enfermedad de bulimia, que más tarde ella misma confesaría padecer. Diana le confesó a una amiga: "La noche previa a la boda estaba tranquila, muy tranquila. Me sentía como un cordero que se dirige al matadero. Lo sabía y no podía evitarlo".

La mañana del 29 de julio de 1981 se despertó temprano. Afuera cantaban y esperaban desde hacía varios días una multitud de personas que querían verla salir de la mansión. Estaban con ella el estilista Kevin Shanley, la maquillista Bárbara Daly y los diseñadores David y Elizabeth Emanuel. Todos comentaron que la novia lucía bellísima. Charles, su hermano, dijo al respecto: "Diana no era de las que se maquillaban, pero ese día estaba espléndida. Fue la primera vez en mi vida que vi lo hermosa que era. Lucía majestuosa y serena. Lo único que revelaba su nerviosismo era una tenue palidez. Estaba radiante y feliz". Su padre, el conde Spencer, llegó para entregarla al novio. "Querida, estoy muy orgulloso" —le dijo antes de partir hacia la Catedral. Los diseñadores de su vestido no previeron las escasas dimensiones del carruaje y confeccionaron un vestido vaporoso con una cola que medía más de siete metros, la cual se arrugó bastante en el trayecto hasta la Catedral. Tuvieron que detenerse un momento frente a la iglesia de St. Martin-in-the-Fields debido al vitoreo del público callejero. Y cuando por fin llegaron a la Catedral, el mundo presente y televidente contuvo la respiración mientras Diana, del brazo de su padre, caminaba hacia al altar.

Diana de Gales dijo que ese día sentía que su corazón se desbordaba de amor por Carlos y que se consideraba la joven más afortunada del mundo. "Albergaba muchas esperanzas para el futuro —señaló—, y estaba convencida de que él me amaría y me protegería de las dificultades que se presentaran". La princesa dijo, también, que entre los invitados que vio en la Catedral, estaba Camilla Parker-Bowles.

Dos mil seiscientos cincuenta invitados y setecientos cincuenta millones de telespectadores de más de setenta y

Los príncipes de Gales en el balcón del palacio el día de su boda.

cuatro países siguieron la ceremonia, escrupulosamente coreografiada por el Gobierno de Thatcher, el Palacio de Buckingham y el alto mando de la BBC. Según palabras del arzobispo de Canterbury "era como un cuento de hadas". Cuando la flamante princesa de Gales salió de la Catedral de San Pablo y fue recibida por el alborozo del público, otra vez la esperanza y la felicidad desbordaron su corazón. Se sentía fuerte para luchar contra su bulimia y contra... Camilla Parker-Bowles. En cuanto a ésta última, su deseo jamás se hizo realidad. Parece ser que el príncipe Carlos y Camilla Parker-Bowles serán eternamente amantes.

3

La princesa de Gales

Recién casada

Después de la espectacular ceremonia, la pareja real pudo estar a solas en Broadlands, la casa del conde Mountbatten en Hampshire, donde permanecieron los tres primeros días de la luna de miel. Luego se fueron en un crucero por el Mediterráneo a bordo del yate real *Britannia*, que los aguardaba en Gibraltar. El príncipe Carlos tenía sus ideas sobre el matrimonio porque llevó consigo la caña de pescar y media docena de libros escritos por su amigo y mentor: el sudafricano Sir Laurens van del Post, filósofo y aventurero. Diana prefería pasar el tiempo conociendo un poco más a su esposo ya que, durante el compromiso, sus deberes reales lo habían mantenido alejado. A bordo del yate real, con veintiún oficiales y doscientos cincuenta y seis hombres, jamás gozaron de un minuto de intimidad. Las cenas eran eventos muy formales que compartían diariamente con algunos oficiales. Mientras conversaban, la banda de la Marina Real tocaba en la habitación contigua. Los príncipes de Gales se dedicaron a descansar la mayor parte del tiempo después de los días de gran tensión que habían pasado antes de la boda, sólo Diana se escabullía para visitar el área de cocinas y pedir helados o aperitivos entre comidas. Sus erráticos hábitos de alimentación se debían a que Diana sufría de bulimia nerviosa desde que se convirtió en princesa de Gales. Su amiga Caroly Bartholomew fue quien la convenció de que necesitaba asistencia médica. "Padeció de bulimia desde que ingresó en la corte. No me agrada decirlo, pero es posible que sus ataques coincidían con periodos en los que estaba sometida a mucha presión".

La investigación médica ha comprobado que las raíces de la bulimia y la anorexia se encuentran en la infancia y en un entorno familiar en el que se presentan ciertos desórdenes. Pero la inseguridad y la ansiedad en la edad adulta pueden ser factores desencadenantes de la enfermedad. En el caso de Diana, los últimos meses habían sido como una bola de nieve contra la que luchaba por adaptarse a su nueva vida como figura pública, a la sofocante publicidad y al comportamiento ambiguo de su esposo. Todos esos factores eran un cóctel explosivo y bastaba una chispa para que se activara su enfermedad. Cuentan que tiempo antes de la boda, Carlos rodeó la cintura de Diana con sus brazos y, según él, estaba un tanto excedida de peso. Fue un comentario sin importancia, pero a ella le afectó. Al tiempo se indujo a un ataque de vómito, lo que le permitió liberar la tensión y la rabia que sentía y así, de alguna manera, pudo recuperar el control de sí misma.

Durante la luna de miel las cosas empeoraron, pues Diana vomitaba entre cuanto y cinco veces al día. La sombra de Camilla se mantenía presente, su rastro estaba por todas partes. Una vez que estaban comentando sobre los regalos de bodas, cayeron dos fotografías de Camilla de la agenda de Carlos. Diana comentaría muchos años después que entre lágrimas y reproches le rogó que le confesara cuáles eran sus sentimientos hacia Camilla y que Carlos no respondió. Varios días después, recibieron a bordo del yate real la visita del presidente egipcio Anwar El Sadat y su esposa Jihan. Cuando Carlos se presentó a la reunión,

Diana observó que lucía un par de mancuernillas que ella no le conocía y que tenían dos 'C' entrelazadas. Carlos admitió que eran un regalo de Camilla, pero le restó importancia aduciendo que no se trataba más que de un gesto de amistad. Diana no opinaba lo mismo, pero se mostraba en público animosa y feliz. Cantó con los marineros, cenó en la cubierta a la luz de la luna y hasta bailó.

A su manera, la etapa final de la luna de miel fue lo mejor del viaje. Los oficiales y marineros habían ensayado durante días para ofrecerles una función de despedida, la cual constó de catorce números muy variados, desde los cómicos hasta los que rayaban en la obscenidad. Al regresar, la pareja real lucía espléndida, bronceada y muy enamorada. Se dirigieron a Balmoral, donde los esperaban la Reina y el resto de la Familia Real.

La luna de miel de Diana y Carlos fue respetada por los medios de comunicación. En las semanas y meses que siguieron al enlace, ningún director periodístico quería romper el encantamiento. En agosto, bronceados y aparentemente relajados, los príncipes regresaron de su luna de miel. Fueron a Balmoral y caminaron por las orillas del río Dee. Esta vez no había necesidad de prismáticos, de ocultamientos y fugas como los provocados durante el noviazgo por los nefastos 'paparazzi' liderados por Whitaker. La prensa fue invitada a Balmoral para dar testimonio al mundo de que el cuento de hadas sobrevivía sin mayores problemas. Las fotografías tomadas por los reporteros ingleses y reproducidas mundialmente mostraban a una pareja feliz. Carlos parecía, eso sí, más humano; Diana, a su lado, había perdido su aspecto virginal aunque no toda su timidez. Lo cierto es que la princesa estaba más hermosa, aun cuando la verdad, algo más compleja, tardaría en salir a la luz.

Las dificultades de su nueva vida como princesa de Gales se hicieron evidentes cuando llegaron a Balmoral, donde permanecieron desde agosto hasta fines de octubre.

Creía, al igual que otros miembros de la familia, que su fama sería transitoria y que su papel de estrella se desvanecería tras la boda. Todos, hasta los editores de los periódicos fueron sorprendidos por el fenómeno de la princesa Diana. Su rostro estaba en todas las revistas; cada minuto de su vida era comentado y se revolvía cielo y tierra para entrevistar a cualquier persona que la hubiera conocido en el pasado.

En menos de un año, aquella jovencita insegura que no había querido continuar sus estudios, se había convertido en la protagonista de un proceso de edificación alimentado por la prensa y el público. Todos celebraban su sencillez y la consideraban "una princesa muy humana". Pero la realidad rebasaba a la ficción en que se estaba convirtiendo su vida: El título de "Su Alteza Real, Princesa de Gales" la distanciaba no sólo del pueblo inglés, sino también del propio círculo de la realeza. El protocolo obligaba a que se la llamara "Su Alteza Real", la primera vez y "Señora" después. Nadie olvidaba las reverencias y ella no sabía que hacer para impedir que la trataran de esa manera.

Para el mundo expectante, sonreía y se mostraba alegre. Parecía encantada con su matrimonio y con su nueva posición social. En una sesión fotográfica frente al puente del río Dee, Diana confesó a la prensa que la vida matrimonial "era muy recomendable". Sin embargo, lejos de las cámaras y de los micrófonos, la pareja discutía en todo momento. Diana estaba siempre irritable y angustiada por la sospecha de que Camilla estaba dondequiera que estuviera Carlos. De ese tiempo, la princesa confesaría que tenía sentimientos ambivalentes; por un lado, la carcomían los celos y, por otro, sentía una devoción sublime hacia Carlos. Diana lo idolatraba y él la amaba a su manera. Solían dar largos paseos por las colinas frente a Balmoral y luego se tumbaban sobre el césped, mientras él leía pasajes de libros del psiquiatra suizo, Carl Jung, o de Laurens van der Post. Carlos se sentía feliz y tranquilo y eso era suficiente para que Diana también lo estuviera. Las conmovedoras cartas de amor que se enviaban dan testimonio del afecto que día a día los unía más.

Sin embargo, estos románticos interludios eran meras pausas en las preocupaciones de Diana con respecto a su vida pública. Había bajado mucho de peso y se sentía todo el tiempo mal, fatigada. En ese momento tan crítico de su vida, Diana sentía que no tenía a nadie en quien confiar. Supuso, sin equivocarse, que no encontraría apoyo en la Reina y el resto de los miembros de la Familia Real. De todos modos, los integrantes de la realeza, por educación y elección, no son propensos a manifestar abiertamente sus pasiones. Viven en un mundo de sentimientos contenidos y actividades reglamentadas. Se esperaba que Diana, de la noche a la mañana, se adaptaría a ese rígido código de conductas.

Tampoco podría recurrir a su familia. Sus padres y hermanas la comprendían, pero esperaban que ella respetase el *statu quo*. No quería pedirles ayuda a sus amigas porque creían en el mito y Diana no podía soportar la idea de contarles la horrible realidad. Estaba muy sola y demasiado vulnerable. Su mente pensaba cada vez más en el suicidio, no porque quisiera morir sino porque deseaba desesperadamente pedir ayuda.

El príncipe de Gales decidió hacerse cargo del problema y varios doctores y psicólogos fueron llamados al Palacio de Buckingham. Uno de los especialistas tranquilizó a Carlos:

—*En este momento, el riesgo de que su esposa cometa suicidio es muy bajo* —*le explicó*—. *Sus arrebatos y agresiones son más bien producto de su desolación. Esta tendencia está dentro de sí misma y sólo la podrá superar en el momento que ella lo decida, no cuando los demás lo decidamos. La bulimia que Su Alteza Real presenta se deriva de un problema emocional causado por la inhabilidad psicológica de hacer la transición de dependencia de la niñez a la independencia de la adultez.*

Diana se negó a seguir el tratamiento que le indicaran los especialistas. Años después ella confesaría que no reconocía entonces que necesitaba ayuda para resolver sus desórdenes alimentarios.

—Me siento impotente y frustrado —confesó Carlos—. No sé cómo lidiar con los problemas emocionales de Diana.

El deterioro matrimonial no fue algo que trascendiera al público. En las giras o compromisos oficiales, Diana y Carlos aparecían encantadores, al igual que cuando asistían a los partidos de polo del príncipe y Diana lo abrazaba cálidamente o lo besaba al terminar los juegos.

Pronto supieron que Diana estaba embarazada de su primer hijo. "Gracias a Dios que llegó William" —dijo Diana en repetidas ocasiones. Porque el embarazo le permitió desechar las píldoras ya que no deseaba arriesgar ni física ni mentalmente al hijo que llevaba en sus entrañas. El nacimiento de William fue una esperanza para la pareja; pensaron que la criatura fortalecería su matrimonio.

Primeros pasos en la corte

Poco después de anunciar el embarazo —5 de noviembre de 1981—, los príncipes fueron a Gales en visita oficial. Diana se ganó la simpatía de las multitudes por sus modales suaves y amables. Ella sonreía, besaba a los niños, abrazaba a las madres y lograba trasmitir una ternura que nunca antes ningún miembro de la Familia Real había proyectado.

A principios de enero de 1982, después de las fiestas de Año Nuevo, cuando Diana tenía tres meses de embarazo, sostuvo una fuere discusión con su marido. La princesa sentía sobre ella una presión excesiva pues de pronto de "no ser nadie" se había convertido en "princesa de Gales, miembro de la Familia Real, juguete de la prensa, esposa y madre". Tan atormentada estaba que le decía a Carlos que se iba a suicidar. La Reina tuvo que exigir un poco de tranquilidad para la futura madre. No obstante, un día, según contará después Diana a su biógrafo Andrew Morton, ella se arrojó por una escalera del palacio Sandringham y rodó hasta el último escalón. Pero según los autores Ross Benson del libro *Carlos, la historia no contada* y J. Whitaker del libro *Diana versus Charles*, otras personas que se encontraban presentes dijeron que había sido un accidente.

Eran las 4:45 p.m. cuando Diana se dirigía a tomar el té y en mitad de la escalera resbaló, deslizándose hasta el pie de la misma donde se encontraba la reina Isabel. Carlos corrió a llamar al médico y no se quedó sin hacer nada, como ella había dicho. El ginecólogo que la atendió —George Pinker— dijo que Diana había sufrido magullones por el cuerpo pero que no se habían dañado ni ella ni el bebé. Carlos le sugirió a su esposa que visitara a un psiquiatra. Pero tras una breve temporada de contacto con el especialista, Diana optó por superar el desorden psicológico de su persona recurriendo a otra clase de ayudas. Pasada la primera fase en la que se convirtió en una devota de la astrología, la princesa comenzó a ser visitada por el terapeuta Stephen Twigg en el palacio de Kensington, en diciembre de 1988. La ayuda de Twigg fue vital para superar los largos periodos de depresión que, según su propia versión, aquejaba a la princesa. Más adelante probaría también otras técnicas curativas como la hipnosis, la aromaterapia y la acupuntura. Finalmente, acude a las sesiones de apoyo de la famosa psicoterapeuta Susie Orbach.

Pero tendrá que pasar mucho tiempo aún para que Diana opte por buscar remedios adecuados a sus males. A comienzos de los años ochenta, el príncipe encuentra a su esposa, además, demasiado ensimismada, demasiado preocupada de sí misma. "Hasta el punto de que todo aquello que no afecta directamente a su vida carece de interés para ella. Ni siquiera la campaña de las Malvinas —que preocupaba a Carlos en calidad de coronel jefe de los regimientos que luchaban en el Atlántico Sur y como hermano del príncipe Andrés, que estaba como piloto de helicóptero— despertó su curiosidad o consiguió distraerla de sus preocupaciones. Quienes fueron testigos de esta desconcertante indiferencia no pudieron ocultar su perplejidad ante el aparente fastidio que le producía que el interés de todos estuviera concentrado en las Malvinas y no en ella". Esta frase, registrada en la biografía *El príncipe de Gales*, de Dimbleby, es suficientemente elocuente para transmitir los sentimientos que inspiraba la joven en el corazón del heredero de la casa de Windsor en los momentos previos al nacimiento del primer hijo de ambos.

Otra vez, en el palacio de Kensington se lanzó contra una vitrina de cristal. En otra oportunidad, se cortó las muñecas con una navaja y también se cortó deliberadamente con una cuchilla. En una cuarta ocasión, mientras discutía de manera acalorada con Carlos, tomó un abrecartas de su cómoda y se hizo cortadas en el pecho y en los muslos. Según ella, el príncipe ni se inmutó. Un amigo, testigo del desgaste de la relación, señaló que Carlos jamás mostró el mínimo interés o respeto por su mujer en los momentos en que ella lo pedía a gritos. "La indiferencia del marido la puso al borde del abismo, como si el príncipe se lo hubiera propuesto, habría logrado cualquier cosa de ella. Juntos hubieran tocado el cielo con las manos. Pese a que no se lo propuso, debido a su ignorancia, su educación y la falta de relaciones profundas con otras personas, el príncipe logró que Diana se odiase a sí misma".

El autor de *Diana, su verdadera historia*, un libro que incomodó a la monarquía británica, opina que "Carlos, al principio, trató de ayudarla a adaptarse a su nueva vida. La primera prueba de fuego fue la visita de tres días a Gales, en octubre de 1980. Por desgracia, el pueblo demostró a las claras que la nueva estrella era exclusivamente la Princesa de Gales y el príncipe terminó pidiendo disculpas por no tener otras esposas que lucir. Mientras caminaban por la calle, la multitud le gritaba que se hiciera a un lado porque era a la esposa a la que todos querían ver. 'Por el momento mi única función es la de sostenerle las flores. Sé cuál es mi papel' —declaró una vez. Las sonrisas ocultaban las preocupaciones. Cuando la princesa apareció en el muelle del puerto de Gales, donde llovía torrencialmente, muchos se impresionaron. Era la primera vez que la veían de cerca después de la luna de miel. No estaba delgada; estaba prácticamente escuálida".

Diana llevaba dos meses de embarazo y se sentía peor de lo que aparentaba. "Fueron tres días terribles: llovió a cántaros todo el tiempo y yo no había elegido la ropa apropiada. Sufría de náuseas por las mañanas y, como si fuera poco, la multitud no dejaba de acosarme". Diana reconoció años después que en ese primer viaje no fue una persona fácil de manejar. A cada momento se echaba a llorar y le decía a su marido que no podía enfrentarse a toda esa gente. No tenía fuerzas ni experiencia para asumir tantos compromisos. Muchas veces, demasiadas, añoraba sus despreocupadas épocas de soltera, en compañía de sus amigas.

A pesar de todos los inconvenientes, la gira real continuó. En Cardiff, Diana pronunció su primer discurso y pasó la prueba con aplomo, pero descubrió otro rasgo de la vida real: a pesar de sus denodados esfuerzos por hacer las cosas bien, Carlos, la Familia Real y los cortesanos jamás lo reconocerían. Después del anuncio oficial de su embarazo, ella pudo hablar de su estado: "A veces me siento pésimo. Nadie me anticipó que iba a sentirme tan mal". Tenía antojos y llamaba a su amiga Sarah Ferguson, hija del mayor Ronald Ferguson, quien se encargaba de las actividades de polo en las que intervenía su marido. A menudo, la impulsiva pelirroja abandonaba su trabajo para levantarle el ánimo a la futura madre.

Durante los primeros meses temblaba ante la posibilidad de enfrentar sola algún compromiso. No se despegaba de Carlos; de ser posible permanecía a su lado, atenta, en silencio, pero aterrada. Cuando llegó el momento de su primer acto público sola —iba a encender las luces navideñas en el elegante West End londinense—, los nervios la devoraron. Ese día se sintió mal y mientras pronunciaba maquinalmente un breve discurso no veía la hora de estar de vuelta en el palacio. A la princesa de Gales le llevó seis años acostumbrase a ser protagonista en todos los actos públicos. A pesar de los nervios, su cálida sonrisa y su compostura cautivan a los hombres que están detrás de las cámaras fotográficas. Las fotos mostraban a una princesa cada día más hermosa, con una capacidad innata para deslumbrar. "Lo heredé de mi madre" —respondía cuando sus amistades le preguntaban cómo hacía para lucir siempre radiante—. "Aunque uno se sienta pésimo, tiene que lucir la mejor sonrisa. Aleja las sospechas".

Además de esa capacidad para sonreír, incluso en los peores momentos, Diana tenía la ventaja de que la bulimia que padecía no le permitía engordar, lo cual la hacía fotogénica. Pero, por otra parte, la princesa hacía una vida muy sana: practicaba deportes, no bebía alcohol ni trasnochaba; por eso podía cumplir con todos sus compromisos. Además, su profundo sentido de la responsabilidad la obligaba a guardar las apariencias frente al público. Sin proponérselo, Diana se convirtió en una celebridad de los medios internacionales y tuvo que aprender todo sobre la marcha. El sistema real nunca le enseñó nada, gracias a su educación pudo desenvolverse en la corte sin problemas. Por otra parte, no tenía alternativa, ya que la estructura federal de la realeza dispone que cada uno se encargue de sus propios asuntos.

Además de adecuarse a su función pública, la inexperta princesa tenía que decorar y amueblar dos mansiones. El príncipe apreciaba su buen gusto y la dejó a cargo de todo. Su madre le recomendó a Dudley Poplak, un discreto decorador de origen sudafricano que había trabajado para ella. Enseguida se puso a trabajar en los aposentos reales del Palacio de Kensington y de Highgrove. Había que integrar en la decoración la mayor cantidad posible de los regalos de bodas: un inodoro portátil del siglo XVIII, obsequio de los duques de Wellington; dos sillas georgianas que enviaban desde las islas Bermudas y unas rejas de hierro forjado de la aldea de Tetbury, entre el cúmulo de regalos que les enviaron de todas partes.

Diana pasó casi todo el embarazo en Buckingham, mientras los pintores y carpinteros trabajaban en su nueva casa. Cinco semanas antes de que naciera el príncipe William, la familia se mudó a Kensington, donde también vivían la princesa Margarita, los duques de Gloucester y sus vecinos, los príncipes de Kent. Diana seguía sin poder evitar el acoso de los medios de comunicación, a pesar de que, por expreso pedido de la Reina, el secretario de prensa había solicitado a los editores que respetaran la privacidad de la familia. Nadie hizo caso a la atenta solicitud. Esta obsesión de los medios con Diana empeoró su condición física y mental. La bulimia, las náuseas, el desmoronamiento de su matrimonio y los celos por Camilla le hacían la vida imposible. El interés de la prensa por el inminente nacimiento se había vuelto insoportable, y agobiada por ello y por los malestares del embarazo, Diana tomó la decisión de ser inducida al parto cuando casi cumplía los nueve meses.

—El alumbramiento es un proceso natural y así debe esperarse —le advirtió el doctor George Pinker, su ginecólogo.

—De todas formas, deseo un parto por inducción —insistió ella—. Estoy segura de que todo saldrá bien.

Diana y Carlos revisaron la agenda del príncipe para escoger la fecha en que él estuviese libre, y el día elegido Carlos acompañó a su esposa al hospital Santa María y estuvo todo el tiempo a su lado, tomándole la mano, acariciándole la frente y alentándola.

—La princesa tiene mucha fiebre. Es peligroso para la salud de la criatura —dijeron los médicos—. Es posible que tengamos que practicar una cesárea. Finalmente, Diana dio a luz por su propio esfuerzo un hermoso varón a las 21:03 del 21 de junio de 1982.

El pueblo festejó con regocijo el nacimiento del cuadragésimo tercer heredero de la corona británica. Los Husares de la Real Caballería de Artillería dispararon los tradicionales 41 cañonazos en honor al nuevo príncipe. Al día siguiente, la reina Isabel visitó a su nieto. "Gracias a Dios no tiene las orejas del padre" —exclamó al verlo. Carlos se mostró encantado con sus nuevas obligaciones paternales. Él también cuidaba al bebé

Se dice que Diana y Carlos estuvieron discutiendo durante siete días el nombre que le pondrían a la criatura. Al fin decidieron nombrarlo William Arturo Felipe Luis, y lo apodaron 'Wills'. El bebé fue bautizado el día que la Reina Madre cumplió 82 años de edad.

Princesa y madre

El nacimiento de William y la consiguiente alteración psicológica de Diana revivieron su antigua sospecha acerca de Carlos y Camilla Parker-Bowles. Tenía pánico de que sonara el teléfono, lloraba cuando Carlos llegaba tarde y no podía dormir si él pasaba la noche afuera. Estaba muy sensible, nerviosa e intranquila por el bebé. "¿Cómo está William?" —preguntaba a cada momento a la niñera. Se preocupaba mucho por su hijo pero no podía frenar el deterioro de su matrimonio. Durante una discusión, Carlos dejó claro cuál era la posición de su familia. Fue categórico: su padre, el duque de Edimburgo, había acordado que, si después de cinco años de casado las cosas no iban bien, podía volver a sus costumbres de soltero. No venía al caso considerar si aquellas palabras, producto de la ira del momento, eran serias o no. Sin embargo, sirvieron para que

Diana estuviera a la defensiva cada vez que trataba con sus nuevos parientes.

En Balmoral se deprimió todavía más. Llovió todo el tiempo y, cuando salió del castillo rumbo a Londres, los medios dijeron que se aburría en la residencia de la Reina y que iba de compras. En realidad, volvía a Kensignton a iniciar un tratamiento para su depresión crónica, el cual abandonó al poco tiempo comenzando otro y luego otro, y después varios más. Irónicamente, en sus épocas de más desesperación, la prensa lanzó una terrible campaña en su contra. Diana ya no era la princesa de los cuentos de hadas, sino una maniática que no hacía más que malgastar la fortuna real en renovar su guardarropa. De los despidos y el desempleo del *thatcherismo*, la responsabilizaron a ella, así como del constante éxodo de personal doméstico durante el último año y medio. La acusaron, también, de haber convencido a Carlos para que alejara a sus amigos y cambiara sus costumbres alimenticias y su vestimenta. Todas esas falsas acusaciones las tomó la princesa a pecho. "Quiero que comprenda que yo no despedí a nadie. No me corresponde —le aseguró a James Whitaker—; ni soy nadie para mandar en la vida de los demás".

A pesar de tantos esfuerzos para adaptarse a la realidad de su matrimonio y a la vida de la nobleza, por momentos Diana se sentía capaz de afrontar ciertos compromisos y de contribuir con a Familia Real y la Nación. Esos primeros destellos llegaron en circunstancias poco felices. Cuando murió la princesa de Mónaco en un accidente automovilístico en septiembre de 1982, Diana decidió asistir al funeral y consiguió el permiso de la reina Isabel. Cuando regresó a Inglaterra, el pueblo aplaudió el éxito de su embajada.

En 1983, teniendo Willian nueve meses de nacido, los Príncipes de Gales debía ir a Australia en un viaje oficial de seis semanas. Diana se negó a viajar sin William. Por las propias experiencias vividas en su infancia y las de su esposo, ella no quería separarse de su hijo, porque sabía que eso le haría daño. Carlos estuvo de acuerdo con ella y la apoyó. La reina hizo todos los arreglos para que la pareja pudiera viajar con el bebé.

Durante la visita, Willian permaneció en Woomargama, mil seiscientas hectáreas dedicadas a la cría de ovejas en New South Wales, con su niñera y personal de seguridad. Aun cuando sus padres lo veían en los pocos ratos libres que les quedaban, Diana sabía que al menos pisaban el mismo suelo. Afortunadamente, gracias a William, tenían tema de conversación para las interminables caminatas, aunque no era necesario que el pequeño príncipe estuviera cerca para que su madre hablase de él.

Aquel viaje fue una prueba de resistencia para Diana. Australia contaba en 1982 con diecisiete millones de habitantes, de los cuales casi un millón se desplazó con ellos ciudad tras ciudad. Nadie quería perderse de ver a los príncipes en persona. Dentro del entorno real, ni siquiera el príncipe de Gales había tenido alguna vez un recibimiento semejante. Los primeros días fueron traumáticos. Diana no se habituaba al cambio de horario y se sentía mal a causa de la bulimia. El programa de actividades, sobre todo en la primera semana, fue extenuante para ella, que esperaba que su marido la guiara. Pero la actitud de la prensa y del público no hizo más que poner una barrera entre los dos. Tal como había sucedido en Gales, la multitud protestaba cuando el príncipe Carlos ocupaba el lugar de privilegio ya que los medios estaban interesados en la princesa mientras que Carlos ocupaba un segundo plano.

A fines de ese mismo año (1982) la situación volvió a repetirse durante su visita al Canadá. Uno de los allegados al círculo de Carlos, afirmó: "Nunca nadie hubiera imaginado una reacción así. Después de todo, él es el Príncipe de Gales. Cuando salía del auto la gente lo abucheaba. Era una ofensa a su orgullo y por eso se puso celoso. Al final, era como trabajar para dos estrellas en puja. Todo era muy triste. Y por eso, después, ellos se manejaban por separado". Se cree que Carlos le reprochaba su popularidad en privado y Diana le explicaba que "la horrorizaba tanta atención de la prensa".

Dicen sus cronistas que el éxito de tan exigente visita marcó un vuelco importante en su vida protocolar: volvió a Londres hecha una mujer. No era nada comparado con la trasfiguración que iba a experimentar años después, pero sin duda marcaba una lenta recuperación de la confianza perdida. Había pasado mucho tiempo sin poder controlarse o manejar su nueva vida en la realeza. Ahora tenía más confianza y experiencia para desenvolverse sola en la escena pública. A partir de entonces empezaría, poco a poco, a poner en orden su vida.

En esa etapa de su vida, el mayor placer de la princesa era sentarse a comer frente al televisor. "A eso se reduce mi paraíso" —les confió a sus amigos de su época de estudiante, con los que volvió a hacer contacto. El guardaespaldas de Scotland Yard que la acompañaba a todas partes, era una clara señal de la nueva vida de Diana, quien dijo una vez que le había tomado mucho tiempo acostumbrarse a eso. La proximidad de un policía armado le recordaba constantemente que estaba presa en una jaula de oro y también no le permitía olvidar al muro invisible que se interponía entre ella, su familia y sus amistades. Para su protección personal la instruyeron con un curso especial en el centro de capacitación de Hereford, en el que aprendió las técnicas básicas para escapar ante un posible ataque terrorista o un intento de secuestro. También asistió a Lippits Hills, Essex, donde se entrena a la policía metropolitana. Ahí le enseñaron a manejar un revólver Smith & Wesson .38 y una pistola automática Hechler & Koch, como las que usan los miembros del escuadrón de seguridad de la Reina.

Muy pronto Diana se daría cuenta que los guardaespaldas no eran una amenaza; al contrario, eran inteligentes, sensatos y sobre todo fieles. Oficiales de policía como el sargento Allan Peters y el inspector Graham Smith eran más bien figuras paternales, capaces de sortear las situaciones más comprometidas o incómodas con tranquilidad y determinación. Por su parte, la princesa era muy considerada y amable con ellos y sus esposas. Cuando Graham Smith se enfermó de cáncer, Diana los invitó a él y a su esposa a un viaje por el Caribe y a un crucero por el Mediterráneo. Cuando se recuperó ofreció una cena en su honor.

El día anterior al entierro de la princesa de Gales, un hombre visiblemente emocionado, se paró frente a su ataúd y le habló como si ella pudiera escucharlo. Era Ken Wharfe, su guardaespaldas por seis años. Decían que cuando Diana iba a comer a San Lorenzo, su restaurante favorito, el inspector Wharfe se sentaba con ella al final de la comida y le contaba chistes. Wharfe empezó como guardaespaldas de sus hijos en 1986 y dos años después, pasó a ser guardaespaldas ella. Pero parece que la princesa prefería al sargento Barry Mannakee, porque fue quien se encargó de su seguridad en sus épocas de mayor soledad y tristeza, y en cuyo hombro lloró en los momentos más difíciles. Tanto Carlos como los colegas de Mannakee conocían el afecto que los unía, aunque se dice que lo transfirieron abruptamente por su "excesiva familiaridad" con la princesa. Unos días antes del matrimonio de los duques de York —Andrés y Fergie—, en julio de 1986, le asignaron otras funciones. Un año más tarde murió en un trágico accidente de motocicleta.

Durante gran parte de este triste capítulo de su vida, Diana se evadió de sus amigos más íntimos y queridos, en cambio Carlos seguía frecuentando a los suyos, en especial a las familias Parker-Bowles y Palmer-Tomkinson. La pareja asistió a la fiesta que los Parker-Bowles ofrecieron cuando se mudaron a Middlewich, a escasos veinte kilómetros de Highgrove. Carlos veía a Camilla muy a menudo cada vez que salía de caza. Los príncipes de Gales, prácticamente no organizaban fiestas ni reuniones en su real mansión.

En 1984 Diana estaba embarazada de su segundo hijo, pero su estado de ánimo no mejoró. Sentía menos náuseas que con William pero de todas maneras no dejaron de aparecer durante los primeros meses. Algo volvía a decirle que su marido había vuelto a relacionarse íntimamente con Camilla. Diana nunca llamaba a Camilla por su nombre, siempre le decía "ella" o "su dama". Las llamadas telefónicas en medio de la noche, las ausencias injustificada y pequeñas alteraciones en su rutina eran señales evidentes.

Los biógrafos de ella dicen que, aunque parezca poco creíble, fue en esa época que la pareja real atravesó sus mejores momentos de su matrimonio; que juntos disfrutaron de los cálidos meses estivales previos al nacimiento de Harry. Los biógrafos de él, aunque coinciden en que sus relaciones mejoraron, hubo un desacuerdo porque Diana le ocultó al príncipe que la criatura era varón, pensando que lo rechazaría.

El 15 de septiembre de 1984, Diana dio a luz a Henry Carlos Alberto David —Harry para sus padres—, en el Hospital Santa María. El parto transcurrió sin complicaciones. Carlos nuevamente estuvo al lado de su esposa participando del gran momento y, aunque deseaba una niña, recibió a su segundo hijo con mucha emoción. Pero Diana cayó víctima de la depresión postnatal. Dicen que el príncipe trató de sobrellevarla pero como ella se estimaba poco y pensaba que no valía, a Carlos no le fue fácil lidiar con su desequilibrio.

Cuando nació William, Carlos había propuesto a su hermana, la princesa Ana, como madrina, pero Diana se había opuesto tenazmente. Nuevamente sugirió a su esposa que nombrase a su hermana como madrina de su segundo hijo, pero tropezó con la misma oposición por parte de ella, que escogió a otras personas. Ponerse de acuerdo con Diana, para cualquier cosa, cada día se le estaba haciendo más difícil a Carlos. Si el deseaba almorzar afuera, debajo de los árboles, su esposa insistía en hacerlo dentro, si él quería llevar a Willian al juego de polo, ella insistía en llevarlo a otro lugar.

Carlos trataba de evitar confrontaciones, pero no tenía forma de escapar de Diana. Cuando él abandonaba una habitación, Diana lo perseguía gritándole. Si al príncipe se le ocurría decir "Diana, no estás siendo justa", eso empeoraba la situación. "No te atrevas a hablarme de ese modo" —lo desafiaba ella.

La crisis matrimonial

Tres años después de "la boda del siglo", luego de nacer Harry, el distanciamiento de la pareja ya era tan intenso que no tenían relaciones íntimas y cada quien dormía en su propia habitación. No obstante, mostraban la semblanza de la pareja ideal en público.

Diana era obsesiva en todo lo que hacía. Se pasaba comiendo todo el día y después tomaba un laxante. Cuando iba a una presentación oficial, sólo comía una hojita de lechuga, pero cuando regresaba a casa, se comía un pastel de chocolate entero. El descontrol de Diana no sólo puso en crisis su matrimonio, sino que afectó a todos lo que la rodeaban.

Sin embargo, la reina de Inglaterra trataba de que Diana se mantuviera en funciones. Como se acercaba la fecha de las carreras de Ascot, había que preparar la lista de invitados para la tradicional fiesta en el castillo de Windsor. Se le solicitó que sugiriera los nombres de dos señoritas de buena familia para invitarlas al acontecimiento. Diana propuso a dos de sus amigas: Susie Fenwick y a Sarah Ferguson, hija del mayor Ronald Ferguson, encargado de las actividades de polo del príncipe.

La famosa pelirroja a la que todos llaman "Fergie" conoció a la princesa en Cowdray Park. Diana frecuentaba el lugar porque iba a ver a Carlos cuando jugaba al polo. Sarah, porque su madre, Susie Barrantes, posee una casa en Sussex, cerca del lugar. Se habían visto varias veces y, además, tenían varios amigos en común. Al poco tiempo se hicieron amigas y Sarah asistió a la boda real. En más de una ocasión recibió a Diana en su departamento cercano a Clapham Junction, en el Sur de Londres.

Una vez, en un cóctel que Sarah organizó en su casa de Lavender Gardens, Diana conoció a Paddy MacNalli, un empresario que salía con Fergie. La relación era bastante inestable y se había complicado en los últimos tiempos. Fue el mismo MacNally quien en junio de 1985 llevó a Sarah hasta la entrada privada del castillo de Windsor. Allí la recibió un lacayo, y una dama de honor de la Reina la llevó hasta la habitación de Diana. Junto a la cama había una tarjeta con el monograma de la Reina, en la que se detallaban los horarios de las comidas, la ubicación de los invitados en la mesa y a quiénes les correspondía un carruaje abierto o un sedán Daimler negro. A pesar de que su familia se había relacionado con la nobleza durante años, era comprensible que Sarah estuviera nerviosa. Se dirigió al Salón Verde, donde se servían unos aperitivos y de pronto se vio al lado del príncipe Andrés.

Andrés y Fergie enseguida simpatizaron. Él insistía en que probara 'chispitas' de chocolate, pero ella se negaba siguiéndole el juego y aducía que estaba a dieta. "Los comienzos siempre son triviales; de algún modo hay que empezar" —comentó Andrés en una entrevista de prensa con motivo de su compromiso celebrado ocho meses más tarde. En ese entonces se dijo que Diana había propiciado esta relación aunque ella siempre lo negó. Después de todo, Sarah llevaba meses de noviazgo con Paddy Mc Nally y Andrés aún estaba involucrado con Catherine 'Koo' Stark, una actriz norteamericana del cine erótico.

A Diana le había caído bien Koo Stark cuando la conoció mientras salía con Andrés, pero cuando éste empezó a fijarse en Sarah, ella prefirió no intervenir y simplemente le dijo a su amiga: "Si me necesitas, aquí estoy". Sin embargo, Diana se alegraba cada vez que su cuñado le pedía pasar el fin de semana con Fergie en Highgrove, y tal como ocurrió con ella y su príncipe, los hechos siguieron su propio curso. La reina invitó a Sarah a pasar enero de 1986 en Sandringham, y al poco tiempo los Príncipes de Gales la invitaron a Klosters, Suiza, a esquiar.

Cuando Sarah Ferguson entró en la Familia Real de la mano del príncipe Andrés —Diana le allanó el camino para su primera presentación pública—, no tenía idea de lo difícil que sería la vida en Buckingham. Ella también había llegado por amor a los brazos de un príncipe, en este caso a los de Andrés, pero eso no era suficiente para encontrar aceptación entre los funcionarios reales y una prensa aristocrática que no tolera con beneplácito la intromisión de personas que no son de la llamada sangre azul. Sin embargo, la duquesa de York asumió sus funciones con fervor y entusiasmo. Cuando iban de vacaciones a Balmoral, Diana terminaba exhausta y desanimada; para Sarah, en cambio, todo era motivo de fiesta. La primera vez, salió a cabalgar con la Reina, paseó en carruaje con el duque de Edimburgo y tuvo tiempo para dedicarle a la Reina Madre. "Fergie fue siempre un camaleón: estaba dispuesta a complacer a todos" —diría Diana más tarde—."¿Por qué no tratas de parecerte un poco a ella?" —le pediría Carlos a su esposa en repetidas ocasiones.

Los cambios de humor en la princesa oscilaban de un extremo a otro. De pronto parecía una estrella acostumbrada a las luces de las cámaras. Había adquirido una gran belleza y sofisticación: todo el mundo celebraba su peculiar estilo. Sentía que los traumas que había tenido al dar a luz a sus hijos, al enfrentar las crisis de su hogar y al tratar de salvar su matrimonio pertenecían ya al pasado. Parecía haber aceptado el papel que le cabía en la realeza. Algunas semanas antes, el agudo periodista Sir Alastair Burnet había entrevistado a los príncipes en Kensington. Diana estaba contenta porque sus respuestas habían mostrado calma y claridad, hecho que no pasó inadvertido en la Familia Real. Al mismo tiempo, la alta sociedad comentaba su irrupción en el escenario del Royal Opera House, Convent Garden, junto a la estrella de ballet Wayne Sleep. Ambos habían preparado y ensayado una coreografía para *Uptown Girl* (Chica Bien), un tema de Billy Joel. Desde el palco oficial, Carlos miraba la función sin sospechar los planes de su esposa. Faltando dos números para finalizar el espectáculo, Diana, con el pretexto de ir al tocador, se retiró apresuradamente para cambiarse lo que llevaba puesto por un vestido de seda plateado. Y cuando Wayne le hizo señas, ella entró en el escenario. Un murmullo recorrió el Teatro cuando la reconocieron.

Carlos cambió de color. La princesa de Gales bailó con Sleep poniendo arte y sensualidad en sus movimientos. El bailarín rodeó a Diana con sus brazos y cargándola la sacó del escenario al terminar el número. El público, de pie, ovacionó a la princesa de Gales. Ella hizo una reverencia hacia el palco oficial y le sonrió a su esposo. "Estoy realmente asombrado" —contestó el príncipe a las preguntas de la prensa sobre el insólito baile de su mujer.

Carlos no se sintió orgulloso del talento de su esposa, sino humillado públicamente por ésta. Al llegar a palacio, recriminó a Diana:

—Has estado indecorosa. Tu comportamiento ha sido poco digno.

—Lo hice para agradarte, pero no me extraña no haberlo conseguido.

A esas alturas, la princesa ya estaba acostumbrada a sus críticas y reproches. Mientras se realizaban los preparativos para la boda de Sarah y Andrés, el príncipe volvió a mostrar su indiferencia durante el viaje que hicieron a Vancouver para inaugurar oficialmente la gigantesca exposición. Días antes de partir, circulaban muchos rumores acerca de la salud de Diana y de su delgadísima figura, y aunque la bulimia seguía haciendo estragos en su cuerpo, no obstante, tuvo la suerte de no sufrir las consecuencias más comunes de una dieta pobre en vitaminas y minerales: caída del pelo, problemas dermatológicos y dentales. Esa vez se desmayó mientras recorrían la exposición y tuvo que ser atendida por el médico que los acompañaba en el viaje. Concluida la visita al Canadá, viajaron rumbo a Japón, donde no pudo reponerse nunca, apareciendo en los actos públicos pálida y demacrada. La vuelta a Kensington no ayudó a mejorar la situación porque poco antes del casamiento de Sarah y Andrés, su guardaespaldas Barre Mannakee fue transferido a otro puesto. Dicen que Carlos estaba convencido de que su esposa estaba sosteniendo un *affaire* con Mannakee quien era casado y padre de dos niños. El guardaespaldas de Diana que la acompañaba a todas partes era un hombre de 39 años, guapo, seductor y muy eficiente en su trabajo. Él se convirtió en el amigo más cercano a la princesa, su confidente y hasta su consultor de modas.

—Barry, ¿crees que me combinan bien los aretes? —preguntaba la princesa.

—Perfecto —contestaba él.

Ocho meses después, un auto se proyectaba contra la motocicleta de Mannakee, y éste moría en el acto. Según Diana, Carlos recibió la noticia pero se abstuvo de decírselo hasta el día siguiente, camino al aeropuerto, donde los aguardaba un avión para transportarlos a Francia, al Festival de Cannes. Antes de que ella descendiese de la limosina, ante los fotógrafos que los esperaban, él le dio la noticia. Diana; enfrente de todos, estalló en llanto.

En 1987, Diana y Carlos pasaron unos días en Mallorca con los reyes de España y sus hijos. Los dos matrimonios aparentaban amistad y relajación. Diana se mostró como una buena madre, abrazando con ternura a sus pequeños hijos, Wills y Harry. Juan Carlos fue en todo momento simpático y natural. Entre ambos, el marido de una y la mujer del otro, mantenían su halo de rigidez, aunque igual, se les veía que estaban gozando de la tranquilidad mediterránea. En España aparecieron en los diarios fotografías que retrataban la imagen de la armonía monárquica. En Inglaterra, se decía que había un lazo sentimental entre Diana y Juan Carlos. Nunca se comprobó nada de esto; era más bien una campaña inventada para distraer la atención de la crisis que iba en aumento entre Diana y Carlos. La verdad, según las fuentes, era que Juan Carlos se llevaba mejor con Carlos que con Diana.

Ese año, los príncipes estuvieron en Gales y en Mallorca, pero tal vez el indicio de una trasformación en la imagen de Diana fuera su visita al Middlesex Hospital de Londres, donde se acercó y dio la mano por primera vez a un paciente que se estaba muriendo de SIDA. Las fotografías de esta escena dieron la vuelta al mundo, transformando la perspectiva popular que se tenía hasta ese momento sobre la enfermedad y, por supuesto, sobre la princesa como icono.

Amores y desamores

Carlos y Diana se llevaban cada vez peor. Desesperanzado, él cayó en brazos de Camilla, quien siempre había sido un puerto seguro en la tormenta. A la princesa se le atribuyeron varias aventuras.

Entre los desaires insostenibles que Carlos le hizo a su esposa por Camilla, los testigos recuerdan la ocasión en que el príncipe Carlos tuvo una fractura complicada en un brazo, jugando polo. Diana llegó al hospital a verlo y salió de ahí con él (la imagen pública era importante en ese momento). Recién habían llegado a palacio cuando Diana volvió a salir. Dicen que el príncipe había manifestado que no quería a nadie cerca durante su convalecencia. El hecho es que poco después de la salida de Diana, entraba "ella", la innombrable, a los departamentos privados de Carlos y se mantuvo al lado del príncipe durante su restablecimiento.

El único encuentro que tuvieron Diana y Camilla frente a frente sucedió en el año 1989 en una fiesta de cumpleaños de la hermana de Camilla. Aunque Carlos lamentaba la decisión de Diana de asistir, no pudo convencerla de lo contrario. Durante la primera parte de la fiesta no hubo ningún percance. Después de la cena, Diana notó la ausencia de Carlos y Camilla y, a pesar de que algunos de los presentes trataron de disuadirla, decidió averiguar dónde estaban. Diana se dirigió a su guardaespaldas Wharfe y le pidió que la ayudara a buscarlos. El inspector trató de que cambiara de idea pero no la pudo convencer. Después de una exhaustiva búsqueda por salas, salones y hasta por los jardines, a la princesa se le ocurrió buscar en el sótano de la mansión, convertido en salón de juegos para niños. Sentados en un rincón, en la penumbra, estaban Camilla y Carlos sumidos en una conversación muy íntima. Apenas el príncipe y la señora Parker-Bowles la vieron, rápidamente se pusieron de pie en una evidente reacción culpable. La confrontación fue breve y digna de la llamada sangre fría inglesa. Con mucha calma Diana les dijo: "Siento mucho estar en medio. Obviamente yo soy la que estoy sobrando y debo ser el diablo para ustedes dos, pero yo sé lo que está pasando. ¡No me traten como una idiota!". Diana dio la vuelta y regresó a la fiesta, recobrando su compostura. A los pocos segundos aparecieron Camila y Carlos, evidentemente sorprendidos por la decisión de Diana de enfrentarlos, regresando cada uno por su lado.

De regreso a palacio Diana le recriminó a Carlos su conducta, pero él no quiso pronunciar palabra alguna. Esa noche la princesa tomó conciencia de que su matrimonio estaba acabado y a partir de entonces Camilla dejó de ser para Diana "ella" o "su dama" para convertirse en "la Rottweiler" (una raza de perro), evidenciando una vez más su sentido del humor. Por otro lado, Carlos ya le había dejado claro que aunque ella fuera la madre de sus hijos, su esposa y Su Alteza Real la princesa de Gales, ella no tenía lugar en su corazón que ya estaba pleno con la existencia de Camilla.

Tiempo antes, un *tabloide* británico había publicado que Diana tenía un romance con el banquero Philip Dunnen, a quien llamaban '*Superman*' por lo atractivo que era. El tabloide afirmaba que Dunnen y la princesa se veían de noche a solas en casa de la madre de él y también, que habían bailado y se habían besado en una fiesta después de que Carlos se había retirado. Más tarde, en 1990, otro *tabloide* había destacado que Diana y David Waterhouse, un joven aristócrata se había citado en un cine de Kensington y que habían sido vistos besándose. Diana no le hacía fácil la vida a Carlos. Sabía que él no la amaba y al darse cuenta de que Camilla era invencible, emprendió su propio camino.

A finales de los ochenta Diana empezó a vivir un secreto y tórrido romance con el oficial James Hewitt, su profesor de equitación. La madre de él les permitía dormir en su *cottage* de Ebford Devon en West Country. De igual manera, la princesa lo recibía en Kensington donde pasaban juntos muchas noches estando Harry y William en casa. Además, Hewitt iba a pasar los fines de semana a Highgrove cuando el príncipe se encontraba de viaje. En noviembre de 1988, Diana lo invitó a la celebración del cuadragésimo cumpleaños de su esposo. Acostumbrados a ver al mayor Hewitt a toda hora, William y Harry lo llamaban 'tío James'.

Diana y James Hewitt se conocieron en Londres en el año de 1986. Los dos habían sido invitados a una cena, y James que no había querido ir, lo hizo al final por compromiso. Cuando los presentaron, la conversación entre ellos fluyó de manera natural. Eso fue lo que más le gustó a la princesa Diana, según dijo ella misma. James se dedicaba a dar clases de equitación y como Diana le confesó que le daba miedo montar a caballo, se ofreció para ayudarla a vencerlo. Así planearon su segundo encuentro. Nadie le había confirmado a Diana que Carlos y Camilla habían reanudado su amistad íntima, pero ella lo intuía, y como se sentía lastimada por el desamor de su marido, se lanzó a vivir un *love affaire*. Hewitt, que era experto en mujeres, se dio cuenta de las necesidades físicas y emocionales de la princesa. Al principio, le dio la atención y el afecto que ella no tenía en su hogar... después, la pasión.

En 1987 la relación entre Carlos y Diana estaba en su peor momento. El príncipe la ignoraba y ella se refugiaba en el amor de Hewitt. Sin embargo, a veces pasaban semanas sin que lo viera, debido a las actividades oficiales o viajes que tenía que hacer. Diana estaba convencida de que Hewitt era un hombre en el que podía confiar. Él le daba amor... lo que Carlos nunca pudo ni quiso hacer. Cuando esto se supo tiempo después, todo el mundo se preguntaba si Carlos ignoraría lo que sucedía a sus espaldas. No. Él sabía perfectamente lo que había entre Hewitt y su esposa; pero después de tanto tiempo soportando un matrimonio difícil, con esto, su relación con Diana había mejorado. Con Hewitt, la princesa estaba ocupada, contenta, ilusionada, discutía menos con él... y estaba menos obsesionada sobre su relación con Camilla.

Las citas en el *cottage* de West Country continuaron por varios meses. Cuando Carlos se iba a Highgrove, ella se quedaba a dormir en el *cottage*. Ahí, Diana se dedicaba a cabalgar o caminar por una zona conocida como Woodbury Common, donde no había peligro de que fuera reconocida. El *affair* tuvo muchos problemas, pero el principal fue el rumor constante de que el príncipe Harry, pelirrojo como James, era hijo de éste y no de Carlos. Esto era imposible ya que Harry nació en 1984 y la princesa conoció a Hewitt en 1986.

En esa época entre Carlos y Diana se había estipulado un acuerdo no hablado: si uno de ellos estaba en Kensington o en Highgrove, el otro no se aparecía. Por eso James Hewitt empezó a ser un visitante asiduo de las dos casas. Sin embargo, al poco tiempo, el romance comenzó a enfriarse. Diana exigía demasiado a James y éste se sentía asfixiado. Cuando Diana notó que no podía ser el centro de atención en la vida de su profesor de equitación, empezó a verlo menos, y volvió a obsesionarse con la relación entre Carlos y Camilla... olvidando su propia infidelidad.

En 1988 Hewitt fue trasladado a Alemania y no vio a Diana en un año. Las tropas británicas estaban estacionadas en Alemania y serían movilizadas al golfo Pérsico. Cuando regresó a Inglaterra para la boda de su hermana, fue a Highgrove a visitar a la princesa. Después, en diciembre de 1990, lo destinaron a Arabia Saudita. Diana le escribía diariamente y mantenía comunicación con la madre de él, porque ella le guardaba las cartas que James le enviaba. Esas cartas eran peligrosas, pues podían caer en manos equivocadas... Pero a Diana no le importó; estaba fascinada con su 'héroe de la guerra'.

Cuando James regresó, las cosas cambiaron totalmente. Él quería una relación seria para toda la vida. Ella prefirió seguir siendo princesa. Lo cierto es que después de cinco años, el amor se terminó y el Mayor comenzó a ser indiscreto. El día que terminaron Diana quiso recuperar sus cartas pero James no se las entregó. Después, cuando ella murió, la novia de Hewitt intentó venderlas al *Daily Mirror*, pero el editor Piers Morgan las devolvió a la Familia Real.

En 1990 se dio otro incidente muy comprometedor para la princesa. Un radioaficionado ofreció al periódico *The Sun* unos casetes con una conversación telefónica entre Diana y un hombre llamado James. En esta grabación se escuchaban un buen número de frases melosas. Él hablaba de "rodearla con sus brazos protectores y cálidos", y ella decía que "no quería quedar embarazada". Esto fue un material sensacionalista para un periódico y un escándalo en Inglaterra. El hombre del casete era James Gilbey y entró en la vida de Diana en el otoño de 1989. Gilbey estaba obsesionado con la princesa, y aunque ésta no estaba enamorada de él, sí necesitada afecto y atenciones. Diana empezó a buscar "lugares seguros" para sus citas y los encontró en las casas de sus amigos de confianza. Para sus encuentros amorosos también utilizaba el restaurante San Lorenzo de su amiga Mara Berni, en el elegante Beauchamp Place, así como la casa en Londres de su amiga brasileña, esposa del embajador de Brasil, Lucía Flecha de Lima. (Ambas siempre lo negaron).

Cuando los casetes fueron sacados a la luz, la princesa, aterrorizada, corrió a pedir ayuda Real. Obviamente esto tuvo fuertes repercusiones en palacio, y de igual manera, ante el público se acabó el mito de "Diana, la princesa perfecta". *The Sun* ponía a disposición de quien quisiera oírla, a través de un número telefónico, una grabación con fragmentos de esa conversación, en donde la princesa decía, entre otras cosas, que estaba desesperada por escapar de las presiones de la familia de su esposo, que se sentía verdaderamente triste y vacía y le pedía a su admirador que le enviase un beso. Gilbet la llamó "*darling*" (mi vida) 53 veces y "*squidgy*" (calamarcito), 14. A este escándalo se le conoce como "*el squidgygate*". Por cierto, esta conversación se consideró muy blanca en comparación con la sostenida entre Carlos y Camilla, que los *tabloides* también reprodujeron, donde él hablaba de "las ganas que tenía de acostarse nuevamente con ella".

Acto seguido, James Gilbey se convirtió en el hombre más buscado de Gran Bretaña. Las semanas subsiguientes se las pasó escondiéndose de los reporteros. Sus amigos lo ayudaron trasladándolo de un lugar a otro en las cajuelas de sus autos, mientras los amigos del príncipe se interesaron vivamente en que se demostrase que Diana era una esposa adúltera. Diana estaba aterrada, porque por esa causa su madre había perdido la custodia de sus cuatro hijos,

La pareja guardaba las apariencias en público. En 1991 su matrimonio estaba agonizando.

cuando se divorció de su padre. La Reina estaba en un verdadero *shock* con las revelaciones sobre la vida privada de la Familia Real. Sin embargo, persuadió a la pareja a que guardaran las apariencias al menos en público y los encomió a que visitasen en el mes de octubre Corea del Sur, como estaba previsto.

En febrero de ese año (1992), los príncipes de Gales tenían programado el evento público más importante del año: un viaje a la India. Diana sabía que la prensa nacional e internacional los estarían observando con un microscopio, pero a esas alturas a ella ya no le importaba que se supiera el abismo en el que había caído su matrimonio. En esta visita Diana tuvo que ir sola al *Taj Mahal* porque Carlos se negó a acompañarla, pretextando que tenía una reunión de negocios en Delhi. Días después, se jugó un partido de polo en la ciudad de Jaipur, capital de Rajasthan, al cual Carlos estaba invitado. Al final del partido estaba planeada una ceremonia de premiación y cuando llegó el momento de entregar los premios, Carlos, eufórico porque su equipo había ganado, recibió la copa y se dirigió sonriente a su esposa para besarla. Diana volvió el rostro hacia el lado opuesto y el beso quedó en el aire. Obviamente, esto fue muy comentado por la prensa.

Ese mismo año, Diana se obsesionó con un millonario de nombre Oliver Hoare, negociante de arte, especializado en antigüedades. Era amigo de su esposo y de ella de tiempo atrás. Se conocieron en la semana de Ascot en 1985, cuando Oliver y su esposa fueron invitados por la reina Isabel al castillo de Windsor. Oliver tenía 39 años y Diane, su esposa, dos menos. Ella era una mujer muy atractiva, hija de la baronesa Luisa de Waldner. La vida de Oliver era muy interesante no sólo por su trabajo, sino por haberse relacionado con gente famosa, además de que era un apasionado del ballet, igual que Diana. La princesa se sentía atraída hacia Oliver Hoare; le gustaba su fuerza y a la vez su sofisticación. Pero había un problema: Oliver era amigo de Carlos, de Diana, y también de Camilla.

Con el tiempo, Diana y Oliver empezaron a encontrarse en "lugares seguros". Ella decía que su relación era inocente, pero hubo un incidente que la puso en entredicho. Oliver había ido a visitarla a Kensington un día en que Carlos no estaba. A las 3:30 de la madrugada comenzó a sonar la alarma de humo porque Oliver se había salido de la habitación, a petición de Diana, a fumar un cigarrillo al pasillo y fue descubierto por la seguridad. Cuando sobrevino su separación de Carlos, desolada, empezó a llamarlo constantemente. Cuando Diane, la esposa de Oliver contestaba el teléfono, la princesa colgaba y volvía a llamar momentos después. Diane, cansada de esta situación, decidió llamar a la policía. Los detectives detectaron rápidamente que las llamadas provenían de Kensington: eran más de 300 llamadas. Después de esto, la obsesión de Diana por Oliver se desvaneció.

Dicen que este incidente provocó que en la mente de Diana se formara la idea de que la policía la espiaba, la quería controlar y quitarle su libertad. Por esa razón, poco a poco, fue renunciando a tener protección... lo que desgraciadamente, en un futuro, le costaría la vida.

A pesar de todos estos incidentes, la prensa manejó el último viaje de vacaciones que los príncipes hicieron junto con sus hijos a bordo del yate *Alexander*, en el verano del 92. El itinerario era el mismo que hiciera el matrimonio a bordo del *Britania* en su viaje de luna de miel, 11 años antes. Nada más lejos que un viaje de reconciliación. Diana no quería hacer nada junto a Carlos. Tenían camarotes separados y tanto la tripulación como los invitados sabían que la pareja se detestaba mutuamente.

Durante la travesía, uno de los días, cundió el pánico porque Diana estuvo perdida dos horas. El guardaespaldas Wharfe la encontró debajo de una lona dentro de uno de los botes salvavidas. Él narró en su libro (*El secreto mejor guardado*) que la princesa estaba llorosa y se quejaba amargamente: "Ken, nadie me entiende. Él se pasa horas hablando por teléfono con la 'Rottweiler' delante de todo el mundo. Ellos piensan que yo estoy loca y que siento pena por mí misma, pero no tienen idea de lo que realmente estoy experimentando".

A pesar de que Diana también le era infiel a Carlos, nunca le había restregado en la cara sus *affairs*. Sentía que Camilla estaba en el yate, como una sombra, al igual que en todas partes donde estaba Carlos, y Diana ya no podía soportarlo. "Si él quiere que 'ella' esté aquí, ¿por qué no la trae volando y me deja en paz? Es una farsa la que estamos viviendo, él esta aquí conmigo porque su mamita se lo ordenó" —decía la princesa, rabiando de ira.

Después de estas vacaciones, Carlos y Diana tendrían que cumplir juntos la última misión, a petición de la Reina: la visita oficial a Corea en noviembre de 1992.

La separación

Mientras los ingleses justificaban las aventuras de Diana como algo natural en una chica solitaria, con una gran capacidad para amar, la imagen de Carlos era la de un traidor y pésimo marido. Cuando otro amante de Diana decidió, sin permiso de ella, publicar un libro detallado de su relación, la opinión pública se volvió contra él, llamándolo traidor. Pero en la vida pública la imagen de Diana parecía inseparable del caos que rodeaba a los Windsor. Las historias hablaban de decadencia y falta de sentido del deber público. *The Sun* informaba que el príncipe Eduardo había pasado una noche vestido y pintado como mujer, mientras su hermano Andrés, en vez de luchar en la guerra (del Golfo Pérsico), se dedicaba a jugar golf en España. El dominical de máxima circulación, *News of the World*, publicaba, mientras tanto, el adulterio de Charles Spencer, conde de Althorp, el hermano de Diana, durante una noche de pasión en París.

A pesar de todo, Diana iba poco a poco recuperando ese modo de ser que durante tanto tiempo había perseguido. Mientras los *tabloides* seguían con sus historias y sus rumores, ella había empezado a pensar en la posteridad. Había tomado la decisión de colaborar —secretamente—, con el periodista Andrew Morton para éste escribiese la "verdadera historia de su vida". Este libro hizo tambalear a la monarquía británica pero también causó un tremendo interés y simpatía entre las grandes masas de lectores internacionales.

Morton escribió en el prólogo de su libro *Diana, her true story* lo siguiente:

"La tensión de su vida entre la Familia Real y la realidad de su matrimonio ha sido la causa de un serio desorden, bulimia nerviosa, que la ha perseguido durante toda su carrera de princesa. A veces la soledad de sus circunstancias la ha

llevado al punto de la desesperación, tanto que ha habido momentos en que ha contemplado el suicidio... La etapa oscura, como ella misma la define, ha cubierto casi toda su vida de princesa. Pero, a pesar de todo, lo más alentador de su historia ha sido la manera en la cual ha sabido asumir su vida y cómo, con la ayuda de amigos y consejeros, está en vías de encontrar su verdadero ser. La historia de su transformación de víctima en vencedora, que aún hoy continúa, es el tema de este libro".

La Familia Real estaba horrorizada y sumamente decepcionada. Consideraron que Diana había manipulado a la prensa y traicionado a la institución que la había hecho rica y célebre, y comprobaron al mismo tiempo que, una vez más, el pueblo respaldaba a Diana. El príncipe estalló de indignación y dio el primer paso ante su madre para pedir la separación oficial de la princesa.

Durante algunos meses, la casa de Windsor intentó nuevamente montar la retaguardia. La reina Isabel, temerosa de una crisis constitucional que se le escapase de las manos, hizo lo posible para que Diana se mantuviera en funciones, mas la actuación de los príncipes de Gales en público era una farsa y se reflejaba en la prensa gráfica internacional. Los rumores hicieron que los funcionarios del palacio orquestaran viajes oficiales de la pareja para encubrirlos, pero inútilmente. En noviembre de 1992, durante una visita oficial a Corea, Diana y Carlos se comportaron como dos extraños. Las fotografías que recorrieron el mundo dieron testimonio de un matrimonio acabado... Un mes después se anunció formalmente la separación.

Ese año, pero en el mes de marzo, la duquesa de York —Fergie— decide por fin separarse formalmente de Andrés y abandonar la Familia Real. Con amargura y preocupación, la princesa de Gales fue testigo de cómo se desplomaba el matrimonio de su amiga y con qué rapidez los cortesanos de la Reina se volvían en su contra. Sin piedad atacaron a la duquesa, acusándola de comportarse de manera indigna para un miembro de la realeza y citando las muchas ocasiones en que había tratado de sacar provecho de su relación con la Familia Real. Más tarde Sarah Ferguson recordará en su libro *My Story* (*Mi historia*) el momento en que tuvo que enfrentar a su suegra y soberana, como uno de los peores de su vida: "Ella era la última persona en el mundo a quien yo hubiera querido decepcionar". Pero las intenciones no siempre se acompañan de los hechos y la Reina no disimuló su furia. Ese año fatal para Fergie —para Diana y para la Familia Real—, terminó con intento de suicidio y tratamiento psiquiátrico.

En marzo también, el día 29, muere lord Spencer, padre de la princesa, en el Human Hospital de Londres. La noticia le llegó a Diana mientras pasaba unas vacaciones en Lech, Austria, adonde había llevado a esquiar a William y a Harry, contrariando los deseos de Carlos. Sin embargo, el destino quiso que el príncipe estuviera presente cuando llegó la lacónica noticia. Carlos había aceptado trasladarse desde Klosters, el lugar donde a él le gustaba esquiar, hasta Lech, porque los niños habían insistido en mostrarle a su padre todo lo que habían aprendido en materia de esquí. Pero nada de eso sucedió. A la tarde siguiente notificaron la muerte del conde Spencer. Carlos y sus consejeros le pidieron al guardaespaldas de Diana, Ken Wharfe, que se lo comunicara a la princesa. Relata Wharfe en su libro *Closely Guarded Secret* (El secreto mejor guardado) que la princesa lloró sola, desconsoladamente, la muerte de su padre, y que Carlos, ni siquiera en un momento tan triste, le dio una mano de apoyo.

Obviamente Diana no quiso que Carlos fuera con ella a Londres aunque la prensa los atacara, pero el guardaespaldas Wharfe la persuadió diciéndole que "lord Spencer era un hombre leal a la Corona y no habría querido que su sepelio se convirtiera en un circo de la prensa". Además, llegó de Windsor una orden de la Reina, así que los príncipes tuvieron que viajar juntos rumbo a Inglaterra y la prensa alabó la presencia de Carlos cerca de su esposa en su momento de gran tristeza. Sin embargo, una vez que llegaron a Londres, Carlos se fue directamente a su palacio y Diana fue a despedirse de su padre muerto. Tampoco le permitió a Carlos estar a su lado en el sepelio de lord Spencer y, aunque el príncipe estuvo presente, se fue en su helicóptero y no acompañó a su esposa en el largo viaje hasta Althorp, la residencia familiar de los Spencer, en cuyo cementerio privado fue sepultado el padre de la princesa.

Después de este acontecimiento, Diana decidió volar sola e hizo más de un viaje oficial como princesa de Gales, brillando por sí misma. El viaje a Egipto fue realizado bajo el estrés de la inminente publicación del libro de Andrew Morton en 1992, más la tensión que se añadió con la escala que hiciera Carlos en Turquía, para unirse a la fiesta de unos amigos entre los que estaba Camilla Parker-Bowles, lo que por supuesto afectó a Diana. Pero una vez más, el viaje a Egipto resultó un éxito para la solitaria princesa. Se dejó tomar fotos en las Pirámides, en la Esfinge y en el templo de Luxor para beneplácito del mundo periodístico.

El viaje a Corea fue un desastre —el último viaje oficial que hizo con el príncipe y al que no pudo rehusar—. A su regreso, Diana se decidió a brillar sola como personalidad destacada de su país, con independencia de la realeza. En ese tiempo viajó a París. La prensa francesa la respaldó de manera favorable. Este viaje fue un éxito, y no sólo en el sentido personal sino también en el oficial, lo cual le mereció la felicitación de la Reina y de la oficina de relaciones extranjeras. Dicen que la Reina trató de acercarse a Diana en numerosas ocasiones, pero nunca pudieron reducir la distancia que las separaba. Sin embargo, a pesar de lo que se dice, la Reina y Diana estuvieron escribiéndose hasta el final.

Pero las cosas empeoraron para Diana. James Hewitt la traicionaba vendiéndole al "*News of The World*", de Londres, la historia de su antigua amistad. Diana comprobó con pavor que el conocido *tabloide* publicaba un avance del libro de Hewitt que se titularía *Princesa enamorada,* para el cual el ex oficial había hecho sus revelaciones y mostrado las cartas que Diana le había escrito. En esos días, unas cuantas horas antes de que se anunciara oficialmente la separación de los príncipes de Gales, y después del largo proceso de negociaciones relacionadas con la publicación del libro de Morton, Diana le confesó a su guardaespaldas Wharfe que si Carlos le hubiera mostrado aunque fuese algún remordimiento por su larga relación con la "Rottweiler", ella hubiera cedido y no se habría separado del príncipe.

El 6 de diciembre de 1992, Diana sacó sus últimas pertenencias de la residencia de Highgrove y tres días después, el primer ministro John Major anunció en la Cámara de los Comunes la separación de los príncipes de Gales —aunque entonces dijo que no había planes de divorcio—, y pidió respeto a los medios de comunicación por la vida privada de la pareja. Al mismo tiempo, se abrió una crisis institucional sobre el futuro reinado de Carlos de Inglaterra.

> *"El palacio de Buckingham anuncia con tristeza que el príncipe y la princesa de Gales han decidido separarse. Sus altezas reales no tienen la intención de divorciarse y su posición constitucional no se verá afectada".*

El año 1992 fue considerado como el nadir de la Monarquía británica; la misma Reina, en su discurso de Navidad, utilizó la frase latina para calificar ese año que terminaba como *annus horribilis.*

Una vez separados, los príncipes siguieron sus actuaciones oficiales en público. Los dos pretendían alcanzar un cierto protagonismo internacional. En ningún momento Carlos le sacó ventaja. Tal vez Diana consiguió su mayor victoria justo el día que su esposo intentó humillarla en lo más profundo de su ser. Ésta es la historia:

"En 1994 la princesa continuaba viviendo en el palacio de Kensington, gozando de mayor independencia que nunca, pero atravesaba por un periodo de desconcierto en el que no parecía tener claro el objetivo de su vida. No iba ya a nadar al palacio de Buckingham y acudía diario a un club cercano a su domicilio en Chelsea Harbour. Su posición en el seno de la familia real seguía siendo importante, en calidad de madre del futuro Rey. Los Windsor preparaban ahora con todo cuidado el 25º aniversario de la proclamación de Carlos de Inglaterra como príncipe de Gales. Se montó para la ocasión un largo documental-entrevista, filmado durante más de un año, que sería emitido en el mes de junio, y una voluminosa biografía, ambos a cargo de Jonathan Dimbleby. Días antes de la fecha fijada para su retransmisión, los diarios británicos publicaron con gran escándalo la única frase de la entrevista que, al parecer, merece guardarse para la posteridad. El príncipe ha admitido su adulterio. En realidad, la confesión está lejos de ser una novedad a esas alturas. La única parte novedosa a este episodio es el chocante hecho de que sea el príncipe el que en sus propios términos — 'fui fiel a mi esposa hasta que comprobé que nuestro matrimonio estaba irremediablemente roto' — se auto inculpe".

El 29 de junio de 1994 en una entrevista por televisión, Carlos confesó su larga vida amorosa con Camilla y declaró que sólo se había casado con Diana por la presión de su familia; que nunca la había querido. Diana decidió esa misma noche inaugurar una exposición en una de las galerías de arte más famosas de Londres, *The Serpentine Gallery*. Llegó vestida con un traje muy llamativo y más guapa que nunca. "Fue una de las entradas más espectaculares —comentó *The Observer*—, y garantizó que al día siguiente fuese ella la que dominase las páginas principales de todos los diarios".

Tras la ruptura, Diana quiso escapar de todo lo que tuviera que ver con su ex marido y con la Familia Real y planeó unas vacaciones con sus hijos sin que nadie se enterara de su destino. Estaba aún muy reciente aquel asunto de las 300 llamadas telefónicas desde Kensington a casa de Oliver Hoare, lo cual ella no se cansaba de negar. "Es un complot de Carlos para hacerme parecer como loca" —se quejaba—.

Por si fuera poco, en el libro *Camilla, la amante del Rey*, escrito por Carolyn Graham y publicado en esos días, también se acusaba a Diana de haber hostigado a Camilla Parker-Bowles durante años con llamadas anónimas a "toda hora del día y de la noche". Las llamadas habían empezado desde 1981, poco después de la boda de los príncipes de Gales.

Se hallaba aún involucrada en estas situaciones cuando hizo su aparición en un programa de la BBC reconociendo lo que todos sabían, que había sido amante del desleal James Hewitt. Relató el trato indiferente que había recibido de su marido y de la Familia Real, lanzando una avalancha de confesiones, acusaciones, admisiones de infidelidad, que sumada a la vergüenza por las conversaciones telefónicas filtradas indiscretamente, causaron un daño irreparable a la Corona. Después de esto, en diciembre de 1995, la reina Isabel envió una carta a Carlos y Diana, aconsejándoles un pronto divorcio. Diana ya no pasó las fiestas navideñas con la Familia Real.

El 28 de febrero de 1996, la princesa de Gales dio su consentimiento para que el divorcio se pusiera en marcha, y cinco meses después, los abogados de Carlos y Diana hicieron públicos los términos del divorcio en un comunicado conjunto. Diana obtuvo una compensación económica de más o menos 20 millones de dólares —más aproximadamente 535 mil dólares anuales para gastos oficiales— y la posibilidad de seguir viviendo en Kensington, además de continuar usando el tratamiento de Princesa de Gales —aunque no el de Alteza Real como madre del heredero al trono.

El divorcio llegó por fin el 28 de agosto de ese año. John Major, primer ministro por aquel entonces, se apresuró a tranquilizar al país en el sentido de que Carlos no tenía planes inmediatos para casarse de nuevo. A la Reina, le advirtió que un segundo matrimonio —y en concreto con Camilla Parker Bowles— sería desastroso para la Monarquía.

4
La princesa del pueblo

Sus hijos

El papel de madre devota fue una prueba más de lo diferente que era Diana del resto de la Monarquía. La desastrosa forma de educar de la Familia Real, altamente disfuncional, se caracterizaba por tempranas y prolongadas separaciones, largas estancias en distantes internados y una gran preocupación por guardar las apariencias. Diana, sin embargo, hizo todo lo posible por dar a sus hijos una niñez normal. Insistió en que fueran de pequeños al colegio en vez de tener un preceptor en su casa; los llevaba a los parques de diversiones vestida con jeans y gorra de béisbol; participaba en las carreras del Día de la Madre en el colegio o permanecía al lado de su cama cuando estaban enfermos. Era una princesa humana. Sin duda, también los sometió a una profunda angustia con los repetidos ataques públicos que lanzó a su padre y las confesiones sobre sus propias debilidades.

Ese profundo amor que la princesa de Gales profesara a sus hijos es algo que se ha mantenido en todas las referencias periodísticas sobre Diana. Con una sobreprotección propia de las familias en las que los padres hacen por separado su propia vida, Diana les brindó en todo momento a William y a Harry caricias, afecto y amor. Fueron la base de su estabilidad y su integridad en ese mundo convulsionado en el que vivía. Los quiso incondicionalmente y su objetivo principal era que no tuvieran una infancia como la suya.

Diana fue una madre muy amorosa. Para ella era importante que sus hijos crecieran sabiendo que existía una realidad diferente a la que ellos vivían.

Era Diana quien elegía las escuelas, la ropa y planeaba las salidas. Organizaba sus obligaciones públicas de acuerdo a los horarios de los niños. La agenda oficial de Diana lo confirma claramente, pues ahí están anotadas y subrayadas con tinta verde las fechas de los actos escolares, de los fines de cursos y de los periodos de vacaciones. Para la princesa sus hijos tenían el primer lugar y eran lo más importante en su vida. Dicen que mientras Carlos enviaba a un sirviente a la escuela de Ludgrove para que le entregara a William un paquete de ciruelas recogidas en la residencia de Highgrove, Diana se las ingeniaba para ir a alentarlo cuando jugaba como defensa izquierdo en el equipo de fútbol de la escuela. Y aunque los niños aceptaban las ausencias de su padre, a veces sentían la necesidad de estar con él. Por ejemplo, después de aquella severa fractura de su brazo derecho, Carlos estuvo mucho tiempo convaleciendo en Escocia, y William estaba triste y decaído. Diana se lo comunicó a Carlos quien, a modo de solución, comenzó a enviarle, vía fax, breves cartas escritas a mano sobre las actividades que hacía en el castillo.

La princesa tenía una idea muy clara de cómo quería que crecieran sus hijos, bajo qué conceptos y principios. La primera nana de los niños terminó muy mal con ella, y no porque fuera una persona poco eficiente, sino porque lo hacía a su manera y con una antigua concepción de cómo debían ser educados los dos príncipes. La señora se hizo la sorda a las indicaciones de la princesa y, por supuesto, terminó despedida y sin regreso posible. Diana consideraba que Carlos era tan frío y distante precisamente por la forma como había sido educado (carente de afecto físico, —o sea caricias— y emocional), y ella no estaba dispuesta a que sus dos hijos crecieran de esa manera.

Después llegó otra niñera con métodos más modernos y fue contratada de inmediato. La nueva *Nany* se dio cuenta rápidamente de que con la Diana-Mamá había que tener cautela y no estorbar nunca en su relación con los niños. Ken Wharfe, el guardaespaldas que durante seis años vivió de cerca la relación que Diana de Gales sostuvo con sus hijos y la prioridad que les daba en su vida, escribe en su libro que "fue una bonita experiencia ser testigo de los lazos afectivos que unían a Diana con William y Harry". Cuando él regresaba con los niños —que habían estado fuera de casa unas cuantas horas—, a la princesa se le iluminaba el rostro y los recibía como si no los hubiera visto en mucho tiempo. Ken le permitía al pequeño William tocar la bocina del carro anunciando su llegada y Diana corría a la entrada de Highgroe con los brazos abiertos, dispuesta a sostener a sus dos pequeños en un mismo brazo.

Desde la primera entrevista le dejó claro a la nueva niñera que ella misma llevaría a William a la escuela siempre que sus compromisos oficiales se lo permitieran. Para Diana era importante que el niño empezara el día con un beso maternal. Según el guardaespaldas, la exagerada preocupación que tenía la princesa porque sus hijos recibieran su amor y atención en todo momento, tenía que ver con el hecho de que ella se crió en una familia de padres divorciados. Lo cierto es que solamente una enfermedad o el cumplimiento de un deber oficial podían impedir que Diana desempeñara sus funciones de madre, que para ella eran de máxima importancia. Entre las anécdotas curiosas que contiene el libro *El secreto mejor guardado* hay una que tuvo consecuencias divertidas: "las madres de los otros niños llegaban a la escuela vestidas con trajes de los más famosos diseñadores para competir con la princesa de Gales".

A William y Harry les encantaba ir con Diana a visitar a su abuela Frances. La señora Shand Kidd —para la princesa "mami" y para los niños, "abuelita Frances"—, vivía en una granja escondida en la isla de Seil, al Este de Escocia. Un fin de semana en aquel lugar era todo lo que los niños necesitaban para colmar sus ansias de aventuras:

playa cercana, campo abierto, ríos y botes de remo. Los cuatro (incluyendo al guardaespaldas) disfrutaban de una atmósfera relajada y familiar, que no encontraban en el palacio de Highgrove.

Uno de los mayores sustos que Diana pasó como madre fue en junio de 1991 (un año antes de su separación de Carlos), cuando William, de nueve años, sufrió un accidente en la escuela Ludgrove. Había recibido un fuerte golpe en la cabeza con un palo de golf mientras jugaba con uno de sus compañeros. Diana estuvo al lado de su hijo todo el tiempo, lo acompañó en la ambulancia y se mantuvo esperando fuera del quirófano en el Hospital de Niños Great Ormond de Londres, donde Wills fue sometido a una delicada operación de la cabeza. Por fortuna todo salió muy bien.

Diana estuvo siempre muy orgullosa de sus dos hijos y aunque admitía que eran niños diferentes, que pertenecían a un mundo privilegiado, tenía la intención de que crecieran conociendo la realidad de su tiempo. Quizá este empeño en que sus hijos no crecieran ignorando el dolor ajeno y la parte cruel de la vida es la razón por la cual los dos hijos de Diana Spencer tienen fama de ser maravillosos, equilibrados y sencillos.

Desde antes de su muerte, el sueño de Diana de llegar a ser reina de Inglaterra se había visto frustrado para siempre, pese a la insistencia del primer ministro, conservador, en señalar que la separación no implicaba la pérdida de este derecho para la esposa de Carlos, futuro Rey. La princesa era consciente de este inevitable final mucho antes del aciago día de la notificación oficial de Major. Y no sólo eso, Diana estaba convencida de que Carlos, su marido, no sería nunca Rey. A partir de ese momento se propuso lograr que fuera William el sucesor de Isabel II. Para esto pensaba enviar a William a estudiar a Eton, el internado al que acudió su hermano Charles Spencer y tantos amigos de la familia. En 1995, con los trece años apenas cumplidos, quería que se convirtiera en el primer heredero del trono británico en acudir a la prestigiosa escuela.

En donde esté Diana-Mamá, si pudiera verlos, se daría cuenta que sus dos hijos son como ella hubiera deseado que fueran. Tratan de vivir una vida lo más normal posible, dentro de su condición. Por ejemplo, en su trato diario con los sirvientes no hay ni reverencias, ni cortesías especiales. Ellos son, simplemente, William y Harry. Indudablemente la muerte de Diana marcó su huella en la personalidad de los dos jóvenes porque ambos parecen mayores de lo que son en su forma de proyectarse. Son dos caracteres muy diferentes: William es muy controlado emocionalmente y se exige mucho a sí mismo. Sin embargo, Harry es más espontáneo, bromista y atrevido.

Tanto William como Harry adoran al príncipe Carlos y también son muy cercanos a sus abuelos (la Reina y su esposo, el duque de Edimburgo), quienes al parecer, han sido más cariñosos con los nietos que con los hijos. No sucede lo mismo con la familia de su madre, a quienes visitan en raras ocasiones. Tienen muchos amigos entre los que se encuentra Tom Parker-Bowles, el hijo de Camilla. William es más escéptico a la hora de acercarse a otras personas y tiene buenas antenas para seleccionar a un amigo. Harry es menos cuidadoso, pero también tiene un buen detector. William heredó de su madre no solo sus facciones, gestos y belleza, sino también su carisma, sencillez y su don de gente. Para el príncipe William es fácil echarse a la bolsa a la gente. Harry, aunque no se parece a Diana físicamente, lleva en sus genes su don de gente y ha continuado la labor humanitaria a la que ella se dedicó, visitando a niños con cáncer y a personas desamparadas. Sin duda, lo más importante fue el amor que la princesa supo darles en su infancia y que ahora es la base necesaria para lo que alcanzarán a ser como adultos.

Labor humanitaria

> *Creo que la mayor enfermedad del mundo...*
> *es la gente que no se siente amada.*
> *Yo puedo dar amor...*
> *me siento muy feliz de hacerlo*
> *y quiero hacerlo.*
>
> Diana de Gales

Desde sus años de estudiante, Diana se destacó por su vocación de servicio durante las visitas a los ancianos, enfermos y discapacitados mentales, que programaba la escuela West Heath para fomentar en las alumnas el amor y la caridad hacia el prójimo. Ya como Diana de Gales, reanudó con más intensidad su trabajo a favor de las causas sociales: niños abandonados, drogadictos, gente sin hogar. Cada vez que aparecía en público o daba un pequeño discurso lo hacía con evidente sentimiento humano y, a veces, hasta pasión.

Cuando deja de ser Su Alteza Real, consciente del alto estatus que ha alcanzado como princesa de Gales en el mundo mediático, desea administrar adecuadamente su imagen pública. Los últimos escarceos sentimentales han dado paso a una fase de mayor dimensión social. Quiere ser una embajadora muy especial de su país: combinar el éxito de las cenas de gala con las visitas a hospitales y asilos. Y todo ello sin dejar de supervisar la educación del príncipe William y del príncipe Harry.

La princesa mantenía ciento diez sociedades de caridad; simpatizaba con los pobres, los enfermos, los desesperados. Les daba amor, los abrazaba. Abrazaba a los niños y a los enfermos de SIDA, visitaba hospitales de ancianos, luchaba contra las minas de tierra, recaudaba fondos para distintas obras benéficas. La princesa de Gales, además de ser la más popular de la Familia Real, era la más ocupada.

Puede ser que ella, al haber experimentado desde pequeña la soledad cuando su madre Frances abandonó su casa, a su marido y a sus hijos, Diana sabía lo que era el sufrimiento y tenía la capacidad de identificarse con el dolor de los demás. En 1987, cuando su matrimonio agonizaba, y justo cuando la prensa se enfocaba a Sarah Ferguson, la duquesa de York, Diana empezó a viajar por toda Inglaterra y a identificarse con los enfermos y los desamparados. Su propia infelicidad la hacía buscar a los que sufrían... Se dio cuenta, además, de que tenía que transformar su imagen para ganar "la guerra" de publicidad que había emprendido contra Carlos y Fergie. Sin embargo, descubriría que al llegar a los marginados de la sociedad podía ayudarlos y, como decía: "Hacer la diferencia en su mundo". Sabía que su imagen pública tenía mucho poder... y lo quería utilizar para cambiar el mundo y ayudar a los más necesitados.

La oportunidad se le presentó en un viaje que hizo con Carlos a Indonesia, cuando fueron a visitar a los leprosos en el hospital de Sitavilegios. Diana, una mujer que llevaba una vida de privilegios, estaba impresionada y decidió llamar la atención del mundo hacia una enfermedad que muchos países consideraban sólo de los tiempos bíblicos y... ¡lo logró! El impacto que provocó la princesa al acercarse a los enfermos y tocarlos fue tremendo. Desde entonces, la ayuda internacional que llegó para los leprosos fue enorme.

Pero el éxito de Diana de Gales con las causas humanitarias no se reflejó en su matrimonio. Como el comportamiento de Carlos hacia ella siguió siendo frío, su pasión por los trabajos de caridad se intensificó. Diana le había dado un sentido a su vida al trabajar por los necesitados. Y los periodistas, que hasta el momento solo escribían sobre la ropa que Diana lucía, empezaron a utilizar la frase "Diana, la caritativa" en sus reportajes.

Diana se unió a la causa de la madre Teresa de Calcuta luchando por los más pobres.

En cuanto a la Diana humanitaria, la faceta que más llamó la atención del público fue su apoyo a los enfermos de SIDA. Dicen que ella destruyó el mito de que una persona podía contagiarse sólo con tocarlos, porque los abrazaba con afecto. Y un abrazo de Diana tenía más impacto en el mundo que las palabras de un médico o las conferencias de prensa sobre la enfermedad y sus consecuencias. Mas dicen, los enterados, que a pesar de que el mundo veía con buenos ojos lo que Diana hacía, la reina Isabel la criticaba por su dedicación a los enfermos de SIDA, pero a pesar de la opinión de la soberana, Diana siguió en su misión con estos enfermos. Jamás se cansó de visitarlos. Las personas cercanas a ella en esta época comentaron que la princesa tenía una obsesión: "Hay que hacer algo para evitar que esta enfermedad se siga extendiendo" —decía al ver a los niños que ya nacían HIV positivos, y el deterioro de los que iban a morir.

También se unió a la causa de la madre Teresa de Calcuta luchando por los más pobres. Las dos fueron mujeres comprometidas en su servicio por los demás. "Cada vez que necesitaba dinero, la princesa me lo enviaba" —dijo la Madre Teresa un día. Dicen que la princesa, por su parte, cuando habló con la religiosa sobre su fracaso matrimonial, recibió este consejo: "Dale sentido a tu vida ayudando a los demás". Diana se convirtió, también, en "la voz" ante el mundo de los que pasaban hambre.

En sus labores humanitarias, la princesa no olvidó a las personas de la "tercera edad", a quienes les llevaba alegría y esperanza. Diana consiguió ayuda para las casas de reposo y asilos de ancianos. Asimismo arrullaba a los bebés, inspeccionaba tropas, incluso, conducía tanques, como parte de su trabajo diario.

Pero los leprosos, los enfermos de SIDA y los pobres no fueron las únicas causas que despertaron controversia. Casi al final de su vida, Diana fue acusada de interferir en asuntos políticos y de perjudicar a la Familia Real, cuando se involucró en contra de las minas de tierra. Para ella, que los niños perdieran sus piernas a causa de las minas, tenía una solución sencilla: "quitar las minas". Pero para rechazar todas estas críticas, cuando fue a Angola y a Bosnia, ella se defendió aclarando: "No soy política, soy humana". Y así quería ser recordada.

El hombre de su vida

Tras 15 años de infeliz matrimonio, Diana quedó soltera, millonaria, joven, bella, y aún muy amada por su pueblo.

La mujer "más fotografiada del mundo" era por fin libre, pero estaba sola y sin la protección del palacio. Sus romances, sus obras de caridad, su ropa, sus peinados, sus salidas, se volvieron desde entonces presa de los *paparazzi*. Un retrato de Diana en una situación comprometedora podía venderse hasta en un millón de dólares. Armada de valor, pero psicológicamente herida, comenzó a salir por Londres, pasando entre numerosos grupos de *paparazzi*. Las cámaras la captaban, huyendo, corriendo, cubriéndose el rostro... En esa época se habló de un *affaire* con Will Carling, el guapo capitán del equipo inglés de *rughy*, cuya esposa, que era presentadora de televisión, la acusó públicamente.

Así, pues, en estas circunstancias, empezó a salir con el doctor Kasnat Khan, cirujano cardiólogo paquistaní, a quien había conocido en un hospital londinense. El doctor Khan era para ella el hombre ideal: compasivo y humanitario. Cenaban juntos en el palacio de Kensigton, en restaurantes o en las casas de los amigos. Ella decía que era "el hombre de su vida", y con él soñó huir de la fama y formar, lejos de Inglaterra, un hogar. Viajó a Pakistán invitada por su amiga Jemima Khan, para ayudar a obtener fondos para el hospital Khan's Shaukat Khanum, y aprovechó la visita para conocer a la familia del médico. No obstante, las diferencias de religión y de cultura resultaron insalvables para el cirujano, quien también, dicen, temía la 'bipolaridad' del carácter de Diana. El idilio terminó en junio de 1997 a instancias de Khan. Fue en esos precisos momentos que Dodi Al Fayed apareció en escena.

Dodi Al Fayed

Hijo del multimillonario egipcio Mohamed Al Fayed, dueño del hotel Ritz de París, y de la famosa tienda inglesa Harrods, Dodi era un *playboy* internacional que jugaba a ser productor de cine y que había sostenido romances con la actriz norteamericana Brooke Shields y otras celebridades.

Desde un principio la agasajó con viajes de fábula y costosos regalos; la conquistó y la sedujo. La primera noticia de la relación fue publicada a fines de junio de 1997, cuando los *paparazzi* localizaron a la princesa, acompañada por sus hijos, en el yate 'Jonikal', de Mohamed Al Fayed. En ese viaje, como invitada del billonario egipcio, Diana, con sus dos hijos, llega a Saint-Tropez a pasar unos días de vacaciones y hacer un crucero por la Riviera francesa. "Fueron días maravillosos", no solo en el yate, sino en la villa del potentado en la Costa Azul. No obstante, la persecución de la prensa fue tan intensa, que casi fue agredida por los fotógrafos.

Mientras tanto, en Londres, Carlos se dedicaba a preparar una gran fiesta para celebrar el cumpleaños de Camilla en la residencia del príncipe en Highgrove. En el año de 1997, Camila cumplió 50 años.

Siempre acosada por los medios, la princesa emprendió otros viajes con Dodi en el 'Jonikal'. Fue en el segundo —según René Delorm, el mayordomo de Dodi—, que floreció el amor. "Su vida en el viaje era un gozo" —dijo el mayordomo Delorm—. Pero esos maravillosos momentos fueron invadidos por una serpiente mortal: los *paparazzi*. Una tarde un fotógrafo los tomó "besándose" y esa foto, que es conocida como "el beso" causó conmoción internacional. Pero los medios de comunicación y Diana formaban parte de una misma realidad. Si es verdad que a veces se sentía perseguida por la prensa, no hay duda que la proyección de su imagen se debió a muchos periodistas y fotógrafos.

Tal vez el momento más claro de esta complicidad instintiva se produjo en su último verano en el Mediterráneo. Esa vez, acercándose en barco a un grupo de periodistas ingleses, les dijo: "Pronto les voy a dar una buena noticia". No cabe duda de que esa noticia tendría algo que ver con su noviazgo con Dodi. Más difícil de saber es cómo hubiese sido la reacción popular al anuncio de que Diana se iba a casar con un árabe del *jet set* en vez de con un príncipe. El hecho de que los dos murieran antes de que se concretase el noviazgo llevó a la transformación definitiva de Diana en un mito. Fue proclamada 'princesa del pueblo'.

Aun cuando Mohamed Al-Fayed insistía en que su hijo y Diana estaban a punto de comprometerse, parece que eso no era verdad. "Si sumamos todos los días que pasaron juntos, no llegaban a un mes" —comentó uno de sus amigos más cercanos—. "Dodi era un hombre generoso, el supuesto anillo de compromiso (del que tanto se habló el día de la tragedia) no era más que regalo más" —agregó.

De ahí en adelante y durante los pocos días que les quedaban de vida, Diana y Dodi aparecerían a diario en las primeras planas de los diarios nacionales e internacionales. Siempre perseguidos, la princesa y su pareja hallarían finalmente la muerte en el auto en que trataban de evadir a los fotógrafos.

Trágico final

Pasada la medianoche del 30 de agosto de 1997, Diana y Dodi Al Fayed sufren un accidente automovilístico tratando de huir de los *paparazzi*, siete de los cuales son detenidos. Él moriría en el acto; ella lo haría a las 3:45. Apenas una hora después, la agencia *France Press* emite el primer comunicado.

El domingo 31, Gran Bretaña se despertó con la noticia de que la princesa Diana de Gales había muerto en París, la madrugada de ese mismo día, como consecuencia de un accidente de tránsito. El Mercedes que la conducía junto con Dodi Al Fayed al domicilio parisino de éste, se había estrellado contra uno de los pilares del paso subterráneo del puente de Alma, en la capital francesa. El deseo de ver a su hijo coronado como rey de Inglaterra en un plazo breve; ya no podría cumplirlo, pero la tragedia de su muerte sacudió los cimientos de la Monarquía británica representada por la Casa de Windsor y la obligó a reinventar su imagen. Acosada por las críticas de un pueblo en perfecta sintonía esta vez con los medios de comunicación '*buenos*' —los '*malos*' la mataron—, la reina de Inglaterra aceptó su derrota y le otorgó, ella también, el homenaje final a la reina Diana.

Nunca se había visto en el siglo XX un sepelio como el de Diana de Gales. Es verdad que hubo más gente ante el féretro de Stalin, pero no se sabe si por el peso del martillo o el filo de la hoz. A Diana nadie la odiaba, o casi nadie. Su cadáver apenas pesaba. Durante días, Londres se llenó de aflicción. A partir del mes de septiembre frente al palacio de Kensington, se fue formado un verdadero mar multicolor de ramos de flores —un millón de ramos—. También le llevaron juguetes de peluche, globos, fotografías y cartelones donde se leía su nombre. Una marea humana que se extendía cinco kilómetros lloraba por la *Princesa del Pueblo* —como la bautizó Tony Blair, primer ministro de Gran Bretaña.

Más de seis millones de personas acompañaron el féretro a su última morada. Más de dos mil millones de televidentes presenciaron el acto. Se había cubierto el ataúd con el estandarte de los Windsor y custodiado por los guardias militares. Lo jalaban seis caballos irlandeses. Encima de la caja mortuoria había tres ramos de flores blancas: uno por cada uno de sus hijos —en el de Harry asomaba una tarjeta blanca en donde se leía: '*Mommy*'— y otro por su hermano Charles. Atrás de él caminaban muy lentamente, casi dos kilómetros, cinco hombres cuyos rostros reflejaban una infinita tristeza: su hermano Charles, el príncipe Felipe, William, Harry y el príncipe de Gales. Su actitud era de una gran dignidad y señorío pero, sobre todo de absoluto respeto. "Fue una ceremonia única para una persona única" —declaró Tony Blair a la prensa.

Diana, princesa de Gales, murió trágicamente a los 37 años edad. Su calor humano trasformó la monarquía al hacerla menos fría y distante.

La Reina Isabel II, profundamente conmovida dijo: "La admiraba y la respetaba por su energía y por su compromiso hacia los demás. Fue alguien que supo hacer feliz a mucha, mucha gente..."

Un silencio profundo había en Londres esa mañana en que millones de personas se reunieron en las calles para rendir el último homenaje a la princesa de Gales. La procesión fúnebre inició su recorrido desde el palacio de Kensington hasta la abadía de Westminster.

A las 10:20 de la mañana del 6 de septiembre el cortejo pasó frente a las rejas del palacio de Buckingham —mismas en donde se había colgado una gran manta que decía "*Diana of love*" —, y donde justamente se hallaba, de pie, la reina Isabel, que al paso del féretro inclinó la cabeza en señal de respeto. Poco a poco Westminster se fue llenando con los invitados especiales, entre los que se encontraban jefes de Estado, luminarias y personalidades con las que Diana tenía relación, lo que mostraba otra faceta de su vida.

Dentro de la abadía, el conde Spencer impactó al mundo con su discurso en homenaje a su hermana. Eran palabras de admiración, de solidaridad y en contra de la Familia Real que tanto la había herido... pero la realidad es que cuando Diana le había dicho a su hermano que quería irse a vivir con él a Althorp porque se sentía desesperada por su divorcio de Carlos, él se había negado a ayudarla. Ahora sí se la llevaría... a enterrarla en el lago de su casa.

Como dijo Sarah Ferguson: "el espectáculo de sus funerales hubiera colmado de felicidad a la trágica princesa". Pero el precio del triunfo absoluto ha sido el máximo que puede pagar un ser humano.

Su legado

A varios años de la muerte de Diana en París, el futuro de la Corona depende de que los componentes de la Familia Real puedan asumir el mensaje de cariño y modernización que constituye el legado de la princesa. Ella quería una renovación de la Monarquía a corto plazo, no cuando su hijo reinara. Deseaba que fuera una institución sólida, comprensiva y moderna. Lo que aún está por verse es si una familia educada en unos valores y creencias tan particulares podrá evolucionar lo bastante deprisa como para satisfacer esa necesidad de cambio que exigen millones de súbditos.

El republicanismo es todavía un credo minoritario en el Reino Unido, pero lo que sí se planteó el país tras la muerte de Diana es si la modernización de una institución tan antigua es una opción plausible.

William, el hijo mayor de Diana es un príncipe de este siglo y está destinado a ser rey de Inglaterra. Con independencia de cuál sea su comportamiento, su sorprendente parecido físico con su madre no dejará de influir en la gente. De alguna manera, vivirá a través de él. En consecuencia, las esperanzas para el futuro están puestas en el príncipe William que aún es muy joven para ser rey. Entretanto, el príncipe Carlos ha estado trabajando mano a mano con el Primer Ministro para crear un paquete de medidas con objeto de salvar la Corona, y recibe la asesoría del Gobierno sobre cómo calibrar mejor la opinión pública y cómo reaccionar ante ella. Tras el fallecimiento de Diana, Carlos ha estado tratando de granjearse algo de simpatía y respeto. Se le ve más accesible, amigable y humano, y sobre todo más cerca de sus hijos.

Por su parte, la familia de Diana, con su hermano Charles a la cabeza, intenta conservar el legado de Diana. Parte del año su propiedad en Althorp, donde ella está enterrada, está abierta al público (la familia mantiene además una página en Internet), y lo recaudado va a parar al *Diana Memorial Fund* que ayuda a sostener las obras de caridad que ella apoyaba con tanto amor. Además, Charles escribió un libro tituladote *Spercer: A Personal History of an English Family* (Los Spencer, historia personal de una familia inglesa), sobre los lazos de sangre de su familia y porque quiere que el público conozca las raíces de la princesa de Gales.

El conde Spencer, que estuvo de acuerdo con una declaración de la Reina y del príncipe Carlos desaprobando un libro que escribió el ex secretario privado de Diana: *Sombras de una princesa*, comentó poco acerca de algunas versiones que aparecieron sobre la muerte de la princesa en

1997. Y en cuanto a Mohamed Al Fayed que perdió a su hijo Dodi en el mismo accidente y solicitó del gobierno de los Estados Unidos obtener los documentos relacionados con esas muertes, Charles ha dicho: "Sería mucho menos doloroso para el resto de la familia, si pudiéramos enterrar la teoría de una conspiración y seguir adelante con nuestras vidas".

Diana Spencer, princesa de Gales, murió a los 37 años edad. Quizá pasará a la historia británica por haber sido el "parteaguas" que obligó a la institución monárquica a replantarse el lugar que le corresponde en una sociedad moderna, conflictiva y democrática. Como personaje femenino, Diana fue una joven solitaria y triste que sobrevivió a un matrimonio sin amor... soñadora, humanitaria, temperamental, que buscaba la libertad; fue madre amorosa pero también fue una mujer desesperadamente humana, cuyo mayor pecado fue amar a un hombre que la rechazaba.

Títulos de esta colección

Adolfo Hitler
Agustín de Iturbide
Alejandro Graham Bell
Alejandro Magno
Antonio López de Santa Anna
Beethoven
Benito Mussolini
Buda
César Borgia
Charles Chaplin
Conde Cagliostro
Confucio
Cristóbal Colón
Dante Alighieri
Diana de Gales
Emiliano Zapata
Ernest Hemingway
Ernesto Che Guevara
Federico Nietzsche
Gandhi
Hernán Cortés
Jesús
John F. Kennedy
Joseph Fouché
Juan Diego
Juan XXIII
Juana la Loca
Julio César
Karl H. Marx
Leonardo Da Vinci
Lucrecia Borgia
Mahoma
Marco Polo
María Antonieta
María Tudor
Marilyn Monroe
Miguel Ángel
Mozart
Napoleón
Pancho Villa
Pitágoras
Porfirio Díaz
Rasputín
San Francisco de Asís
Sigmund Freud
Sor Juana Inés de la Cruz
William Shakespeare

Este libro se terminó de imprimir
en los talleres de Castillo
y Asociados Impresores,
Camelia 4, col. El Manto,
México, D. F.